ガッチガチ堅実
株式投資法

皿井岩雄 著

セルバ出版

はじめに

20代で今の知識を持っていたなら……

「もっと早く知っていれば……」本書の株式投資の話をすると、多くの方がそう言います。妻は、私が堅実株式投資教室を始めたとき「自分の子どもたちに先に教えておいて欲しい」と言いました。私は子どもたちが心身共に豊かな人生を送れるようにと願い、彼らが帰省した折に2日位ずつをかけて、お金の基礎から株式投資、銘柄の分析方法についてみっちり伝えました。本書はすべてではありませんが、その根幹部分です。

私は家業の浮き沈みを株式投資で補うような家系に育ちました。そして30年以上、株を中心に投資を続けて来ました。その経験上、不変的で資産が増える可能性が高いと感じていることをこれから本書でお伝えします。

投資をギャンブルにしてしまっている人たちで溢れている

さて、本題に入る前にあなたに知っていて欲しいことがあります。それは、現在日本で使われている「投資」と名の付いたもののほとんどが「ギャンブルで金持ちになれ」と言っているに等しいということです。

世の中には「投資なんて失敗したらお金がなくなるでしょ！　投資は怖いわ」という方が多くいらっしゃいます。

今、我が国のお金に関する現状を見る限り、その意見は正論だと私も強く感じます。ただ儲かりそうだからと株や投資信託に手を出して損している人が多いこと。自分のお金を使った短期トレードで長期に成功する確率はほぼないに等しいことは、ＳＮＳや周りを見渡せばわかることですし、ご自分で株を買ってみればすぐに実感できるでしょう。だからこそ、今あなたが本書を手に取っていただけているのかもしれませんね。

しかし、まだあなたが「一瞬にして資金を何百倍にもできる本」を探しているのなら、他の人の話を聞いてください。トレード、相場、空売り、バイナリー、オプション、レバレッジ、１００万円を数か月で1億円、……そんな一か八かの大賭けをお望みなら、残念ですが本書はあなたが探している本ではありません（尚更役に立つとは思っていますが……）。

ガッチガチに堅実な投資をしよう

本書の狙いは、できる限り堅実な方法でリスク回避しながら、安定的で価値の高くなった株式資産を着実に、できるだけ多く保有していくことです。そしてその株から配当や売買益を手に入れながら、あなたに、人生を安心して謳歌して欲しいのです。そのための助けとなる基礎知識と、そこにたどり着くまでのガッチガチに堅実な戦略をお伝えしていきます。是非、ギャンブル的投資（Ｔｒｅａｄ）と堅実投資（Ｉｎｖｅｓｔ）の違いを感じながら読み進めてください。

若いうちに労働などで稼いだお金の一部を投資に回すことで、お金自体に超堅実に働いてもらい、公的年金と投資から生まれるお金で、老後を穏やかに安心して楽しむ。株主優待で家族と笑顔で美味しいものを食べに行く。そんな感じを想像して書いています。

私は有名人でも伝説のトレーダーでも何でもありません。だからこそ、これからお伝えする基本的なことを理解して行動すれば、フツーの人が安心して老後を迎えるために、あなたが一人で取り組んでも、充分実現可能な資産構築方法を、お伝えできると考えています。

前半は投資をすること自体に迷う人に向けて、後半は株式投資で少し痛い目に遭った人に向けても書いてあります。もし、あなたが株をやらないとしても2章まで理解すれば、投資詐欺の予防で数百万円のマネーセーブになると思いますし、３章まで理解すれば世の中のお金の動きが自分で考えられるようにもなってくると思います。

少なくとも私が30年以上の時間をかけてたどり着いたお金に関する堅い知識を、あなたが数日で得ることはできるはずです。本書を読んで世の中の怪しい儲け話に飛びつかずに済むようになるだけでも、この書籍代くらいはすぐに元が取れるでしょう。

現代では、誰しもが持つお金の心配に対して、メディアや広告、最近ではＳＮＳ等、消費者の目に触れるあらゆるものが、物やサービスを売ろうとして、あなたの不安を煽ります。

そんな情報に囲まれ、不安になりあせって、もしも今、怪しい投資話や無理な副業、自己啓発などに大切なお金をつぎ込まなければならないと感じているのなら、そのお金の半分でも堅実株式資産の構築に使って欲しいと老婆心ながら思います。

ここで、図表1の資産増加グラフを見てください。かなり大雑把なシミュレーション図ですが、縦軸は資産の金額、横軸は年数でつくってあります。普通の株式投資で株価の浮き沈みのサイクルと言われる7年毎に投資額が1・4倍になったところで半分の株を売り、配当はすべて再投資用に回し、毎月決まった額の資金を準備しながら投資を繰り返していくことで、資産がどのくらい増加していくかを少し控えめにグラフにしたものです。

グラフ中の5本の線は、株を購入するために毎月何万円を貯めながら投資に回していくと、株式資産がどのように増えていくのかを表しています。もちろん選ぶ株や投資タイミング、株価の下落上昇サイクルの期間、国際情勢や国の政策や税制、物価変動によって株価が変わり影響を受けます。したがって、絶対にこの図表1の通りに行くと断言はできません
しかし、本書の内容は、図表1のように資産をつくっていくために、できるだけ堅実で合理的な手法を解説した内容となっています。投資なので結果にお約束はできませんが、あなたが学べば学ぶほど、その投資リターンは更に大きくなるはずです。

あなたが、今大金持ちである必要はありません。普通に暮らしながら老後に備えるくらいの資産形成は、一般の方にも十分可能な射程圏内にあります。

私は人生の後半を折り返した今、「あんなことにお金を使うんじゃなかった。20代で今の知識を持って、自分の感情に正直にものを言い、行動し、周りに振り回されずに生きていたなら……」「あのお金の半分でも株を買っておけば、今頃……」と、とても悔しく思うことがあるのです。

そのため本書は、あなたにも「もっと早く知りたかった。早くわかってよかった」そう言ってもらえるようにと考え、堅実な株式資産投資の方法と、経済の見方が変わるようなお金の話、今どきの言葉に直すなら、金融リテラシーについて書きました。書ききれないことも色々ヒントを散りばめておきました。本書の内容を使った、銘柄分析用のオマケも用意してあります。

本書は、あなたにお時間があるとき、堅実にコツコツやる程度でも、図表1のような感じで時間をかけて資産を増やしていくためのお話です。そのために、どう考え何をすべきかをこれから具体的に解説していきます。この話は最初から最後まで1本の糸で繋がっています。じっくり読んで金融の基礎を理解し、株式投資の考え方とやり方を間違えないように学んでみてください。

2023年8月

皿井　岩雄

〔図表１　資産増加グラフ〕

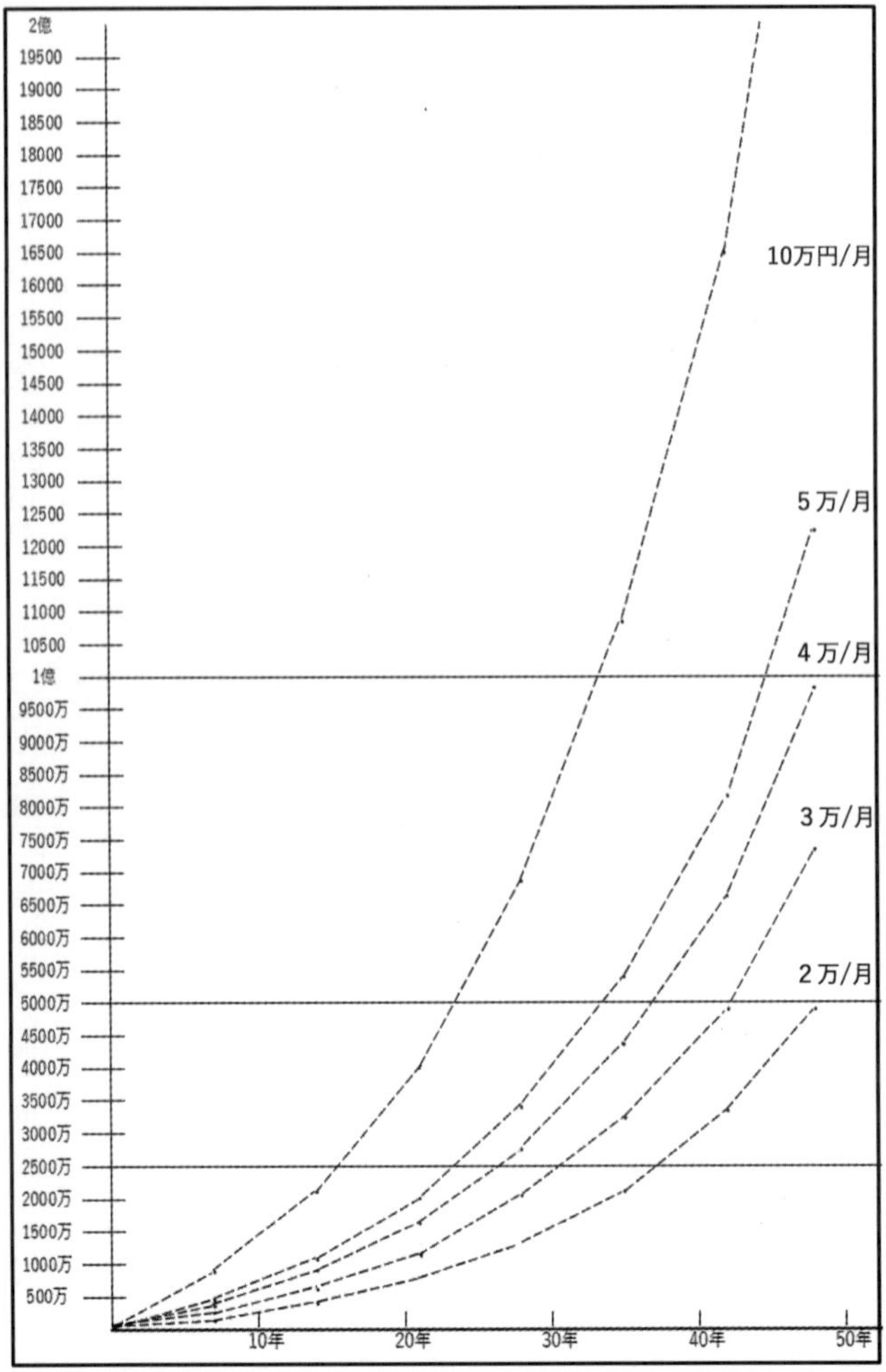
2億
19500
19000
18500
18000
17500
17000
16500
16000
15500
15000
14500
14000
13500
13000
12500
12000
11500
11000
10500
1億
9500万
9000万
8500万
8000万
7500万
7000万
6500万
6000万
5500万
5000万
4500万
4000万
3500万
3000万
2500万
2000万
1500万
1000万
500万
10年
20年
30年
40年
50年
10万円/月
5万/月
4万/月
3万/月
2万/月

ガッチガチ堅実株式投資法　目次

第3章　株式投資を誤解している99％の日本人（投資目線の重要基礎知識）

第4章　知らなきゃ一生博打のまま！ ガッチガチ堅実なタイミングと売買判断

第5章　では、どんな株を選べばいいの？ガッチガチ堅実な銘柄選択条件

4

第1章　私が大切な人に株をすすめる理由

1　産業構造ピラミッドの内と外からお金と自由と健康を手に入れよう

産業構造ピラミッドであなたの立ち位置を考えてみよう

はじめに図表2を見てください。これは、義務教育で習う一次産業、二次産業、三次産業をピラミッド型に上下に並べた図です。

学校では産業の分類しか習っていないと記憶していますが、実際の経済の中では、一次産業で収穫、採掘したものを、二次産業が買い取って加工し、三次産業がそれを買い取ります。

最近では、一次産業である生産者が自分たちで採取収獲した物を自らが加工（二次産業）して、販売（三次産業）までを行うといった六次産業も存在します。

更にそれらの会社は宣伝のためにメディアにお金を払います。そして消費者がそれを買うわけです。また、全産業に対し金融機関はお金を貸したり、金融サービスを提供して金利手数料を受け取ります。最後に国がそのすべてから税金を取って国民のために分配を行います。そして株式投資家は、これらの株式会社から最終的な利益の分配を受け取ることができます。

あなたは今、この構造のどの位置から収入を得ているでしょうか？　鉛筆で軽く丸を付けて欲しいと思います。

〔図表2　産業ピラミッド〕

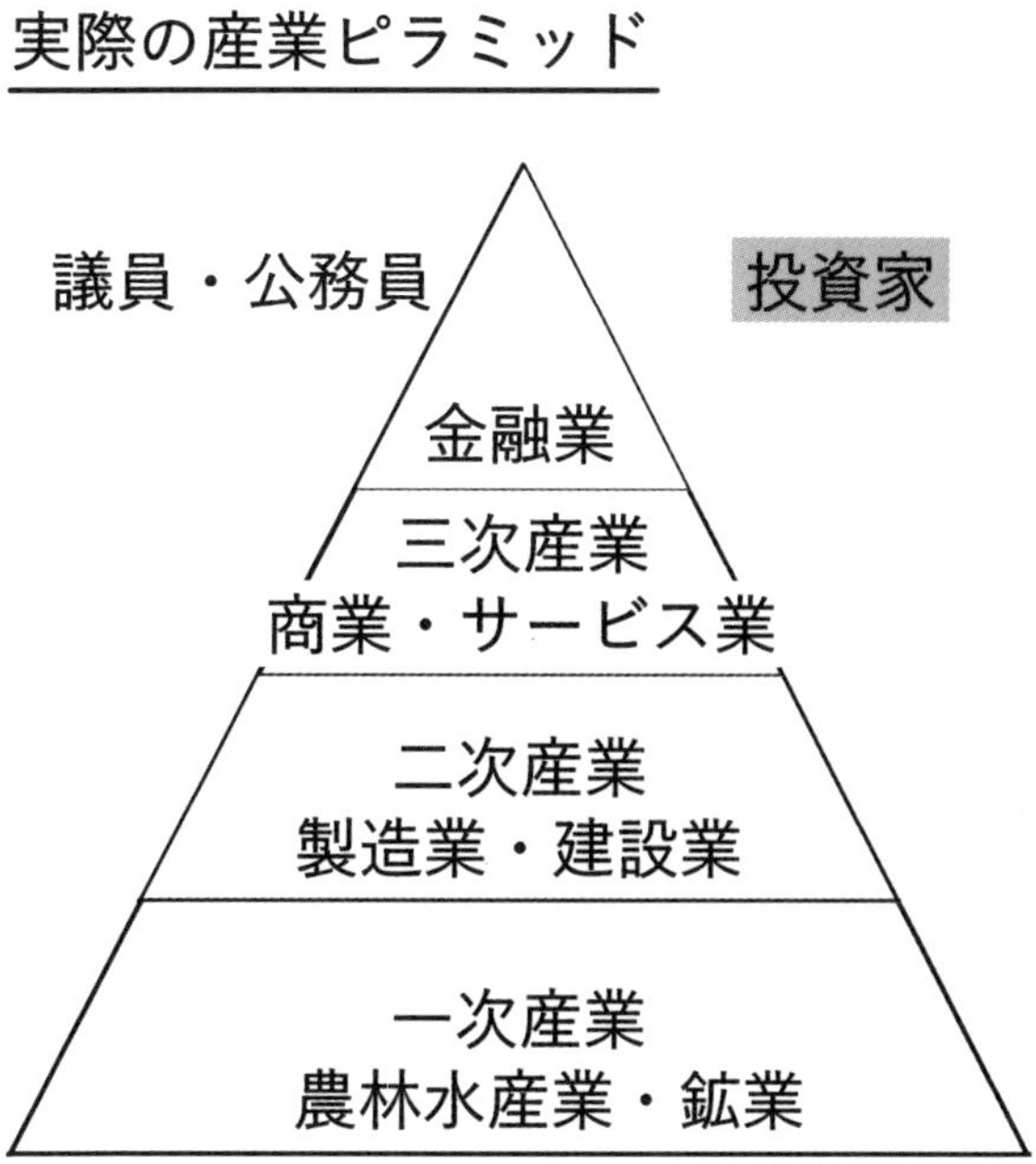
実際の産業ピラミッド
議員・公務員
投資家
金融業
三次産業
商業・サービス業
二次産業
製造業・建設業
一次産業
農林水産業・鉱業

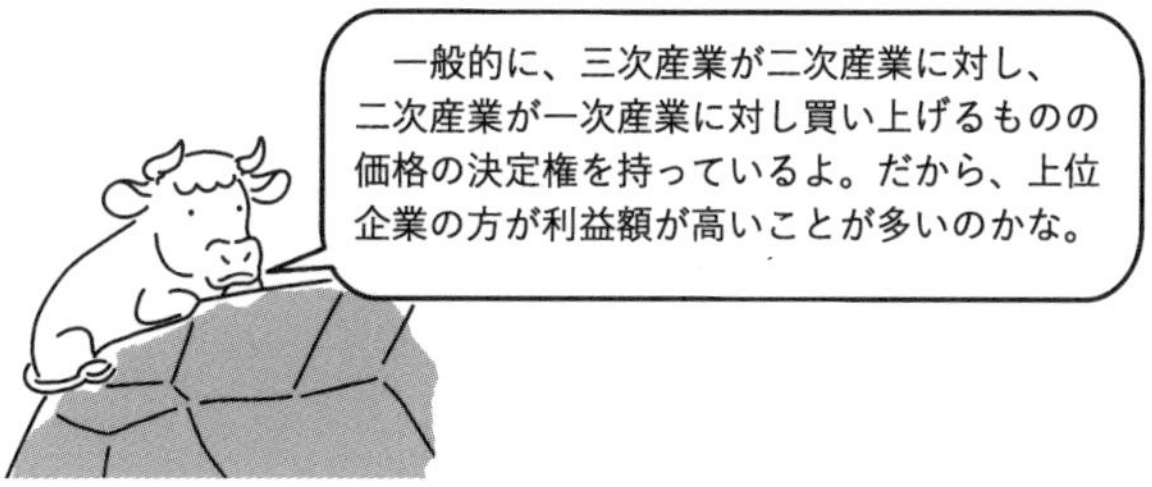
一般的に、三次産業が二次産業に対し、二次産業が一次産業に対し買い上げるものの価格の決定権を持っているよ。だから、上位企業の方が利益額が高いことが多いのかな。

一次産業、二次産業、三次産業の経済優位構造で起こっている不条理

さて図表2であなたに気が付いて欲しい大事なことは、ピラミッド上位産業には優位性があるという点です。一次産業が買ってもらう物の価格決定権は二次産業が持っています。二次産業が買ってもらう物の価格決定権は三次産業が持っています。

更に、会社が借り入れるお金の金利は金融機関がその決定権を持っています。

そしてこの中で働く人の平均賃金も金融業、広告業、販売業、製造業、農林水産業の順で下がっていきます。これはたくさんお金を儲ける業種順と言っても過言ではありません。

もちろん、これは一般的な話であり、どの産業でも個々の会社では例外は存在するでしょう。しかし、売る側が余程の強みを持っていない限り、会社間では商品やサービスの値段は買う側によってコントロールされてしまいます。当然ながら、新卒学生の就職活動では、この価格決定権が強く給料が沢山もらえるピラミッド上位に来る職種の会社が人気です。

上場会社の優秀なエリートがあなたの老後を助けてくれる

もし、あなたが株式上場しているような超優良な会社とは異なるところで頑張っていらっしゃるとしましょう。でも、あなたがその会社の株を持てばどうでしょうか？　その会社のエリート社員さんたちが汗水垂らして稼ぎ出した会社の利益の一部を、配当という形で貰うことができます。そ

れに、もし万が一その会社が傾きかけたとしても、他の会社の株に乗り換えるだけで済んでしまいますし、その株の売買に必要な時間も知れています。

また、株主として株主総会に出かければ、その優秀な社員さんたちがとても丁寧な扱いをしてくれるでしょう。株を持てば、あなたが一流会社の中に居なくても、その会社の恩恵を受けられるのです。

もちろん、あなたが超優良会社の社員さんで十分なお給料を手にしながら、他の優良会社の株を持てば言うことなしです。ただし、投資で単純にピラミッドの上位業種の株を買えば儲かるかと言うと、また話は別です。そこは勘違いしないでくださいね。

私は好きな仕事と趣味と株式投資を選んだ。

さて、あなたは今、図表２のピラミッドのどこに居ましたか？

私は以前、専業の生産農家だったので、一番下の一次産業から収入を得ていました。家族と三人前後のパートさんだけの経営で売上はいいときで３０００万円に及ばない程度でした。借入もあって、いつ何があるかわからないので貯金や保険だけでなく、余裕資金があると株式投資にも回していました。当時もお金の不安を貯金と投資でカバーしていたわけです。なので、投資家のところにも丸が付きます。現在は小売業も行っていますので、三次産業のところにも丸が付きます。

私は農業自体を決して嫌いではありません。農業が儲かって家族が何不自由なく生活できるのなら、こんなに素晴らしい職業はないといつも思っています。

どうすれば花が咲いていつ収穫ができるかを計算し、出荷するタイミングをコントロールできるのか。どんな品種がよいのか。ナゼこうなるのか。どうすればうまく行くのか？　そんなことを研究するのがとても好きなのです。

株式投資や財務分析に没頭できたのも「どうして？」と考えるのがとても楽しかったからかもしれません。おかげで試行錯誤の内にギャンブルとは縁遠い株式投資方法にも気が付き、上手く行かないところに修正を繰り返しながらシステム化をすることができました。そのおかげでチャイナショックやコロナショックの大暴落時でも含み益を持ったまま大騒ぎする必要はありませんでした。現在でも株価が上がろうが下がろうが楽しく投資を続けています。

本書では、あなたにも同じような心持ちで株価が上がろうが下がろうが楽しく資産形成できる方法をお話ししていきます。

普通の人ほど人生の土台に必要な、「資産」を手に入れておこう

ここで、年寄りの部類に入ってきた私には、あなたに伝えておきたいことがあります。それは、もし「あなたが今好きな仕事をして毎日笑顔でいるのなら問題ありません。でも、ただお金のため

だけに、自分を殺してあなたに合わない仕事で無理をしたり、ブラックな職場で心身を害するような道を選んでいるのなら、それはお止めなさい」ということです。

私はつい最近まで、目の前のお金が先だと考えてしまい色々無理もして、自分を殺してきた部分がありました。だからこそ私は人生の安心の土台の1つとして息子たちにお金の知識と株式投資を一から教えました。

あなたの人生の土台に「ある程度のお金」と「家庭や職場に安心感」があり、更に「あなたや、ご家族の健康」「衣食住の安心」があれば、足るを知りながら笑顔で毎日を送ることもできます。でも、それらの土台がなければ折角お金があって色々な物が買えたとしても、例えビジネスがうまく行っても、心の底からハッピーな人生だったと言えないように私は感じるのです。

もし今、目の前のお金や家族のためと考えて、睡眠時間を削って何か月間も夜遅くまで働き続けたり、あなたを自分の便利な道具のようにしか考えない人間や会社に従って無理な環境の下で頑張りすぎ、自分は役に立たないと勘違いして自責の念に駆られ、心も体も病んでしまうような人生を送るのでは本末転倒です。あなたは、自分の幸せのために自由に生きていいのです。

そして、お金だけのために無理するくらいなら「優良会社の銘柄株をコツコツと持ちなさい」と進言します。なぜなら、毎日を家族や仲間と笑って過ごせることが「幸せ」なのだと今、心の底から思うからです。

2　現金や投資信託ではお金が減る恐怖は消えない

現金で老後の不安は消せない

もし、今あなたが、物価高だろうが贅沢をし続けようが一生使い切れないくらい現金等があるなら、将来の心配は無用かもしれません。しかし大多数の人はお金がなくなる心配をどこかに抱えながら毎日頑張って生きています。そして給料のよい仕事や色々な投資、はたまたギャンブルなどでお金を増やそうとします。

さて、ここで少し将来のことを考えてみましょう。あなたが定年を迎えた後、国が想定している「２０００万円の現金と年金」があるとします。

年金受給年齢の65歳から平均寿命の85歳で20年間あります。現金２０００万円を単純に割り算して、１年間で年金＋１００万円で生活したとしましょう。そうすると、21年目には年金のみになってしまいます。あなたは天寿を全うするまで安心して暮らせるでしょうか？

１つの方法として、私のように生活コストの低い田舎に住み、少しでも自給自足の生活ができれば、コミュニティーの中で楽しくやっていくことはできるように感じます。

しかし、街中に住み、お金ですべての物を手に入れるような環境に身を置いているとどうでしょう。体力気力が減退していく中で、過去に働き蓄えた現金残高が通帳から段々減っていくことに心細くならないでしょうか？

投資信託でも老後の不安は消せない

実は、私は投資信託が好きになれません。その３つの理由をお話しします（以下、投資信託＝投信と表記）。投信の一番のネックは、「所有した投信を売って現金にしないと使えない」という点にあります。何を当たり前のことを、と思いましたか？　しかし、よく考えてみてください。

預金通帳にある２０００万円と、投資信託を解約して預金通帳に振り込まれた２０００万円のお金にその時点で違いはありません。つまり、投資信託も使えば減っていく現金と変わらなくなってしまうということです。私は、投資信託は余程沢山持っていて、運用で余程増えていないと将来不安は現金と同じく消せないと感じています。

投資信託が儲かるとは限らない

もしかしたらあなたは、株はギャンブル性が高いし、投信のほうが安全だと考えていませんか？もちろん、投信も運用がうまく行けば投資額より受取額が増えていきます。インフレに連動するような商品であれば現金を貯金するよりはよいかもしれません。

現在、国も国民に対して老後のために投資を行うことを推奨していますし、特にイデコや積立ニーサ等の制度は、税制面で国が色々優遇しますからできるだけ投資信託を持っておきましょう、という方向性です。「自分はお金や投資のことはわからないし税金の優遇もあるならプロに任せて投信を買っておこう」と考える人も多いように感じます。

しかし、投資信託も名前の通り投資です。価格の推移を見るなら投信は結局景気や株価、為替、国債金利の推移などに影響されて上下する投資商品です。調べればわかることですが、発行時の基準価格を割っている投信はいくらでもあります。また、価格が上がれば株と同じく売られて再投資資本が減っていくことも多々あります。投信だからといって、必ず儲かる保証はどこにもありません。甘言に誘われてお金を投入し、大きな損が出ても誰も穴埋めなどしてくれません。それが投信を好きになれない2つ目の理由です。

以前私の父親は証券マンに誘われるまま投信に手を出し、とんでもなく酷い目に遭ってしまいました……。もちろん、これも自己責任です。

投資信託はあなただけがリスクを負わされている

私が投信を好きになれない3つ目の理由、それは購入者だけがリスクを負う点です。投信は沢山の人からお金を預かり何百億円という資金で国内外の株や国債、不動産賃貸投資などにその資金を投資します。一般的にその過程であなたの投資資金から、売買時往復の手数料、運用期間中にその時点の運用で増減している評価額に対して約束の利率分の信託報酬が引かれ続けます。

１００万円の投信を買い、毎年１％の手数料を払うと10年で10万円前後、２０００万円分の投信なら10年で２００万円前後を払います（株式投資であれば逆に配当でそれだけ貰えます）。でも仕方ありません。自分でリスクを負って投資しないのですから……。

ファンドマネージャーは１００億円負けても損しない

そして、この投資信託が集めた総資産数百億にかかる手数料は、集めた投資資金の中から一定割合で引かれ、総資産を少しずつ削りながら再投資を繰り返していきます。無論投資額以上に増えれば問題はありません。あなたのお金を運用してくれるファンドマネージャーに感謝すべきです。ボーナスも払って当然でしょう。日頃彼らの心労は大変なものだと思います。

しかし、彼らの仕事に敬意を払ったうえで誤解を恐れずに言えば、彼らは個人投資家と違い、例え運用にマイナスが出ても給料が貰えます。そして、集めた資金が少なくなり運用が難しくなると運用会社は「ごめんなさい。残りの資金を返してこの投信を終了します（繰上償還）」となってしまいます。あなたの投資額がマイナスになっても損失額も運用経費もすべてあなたが負担しています。でも、その責任は誰もとってくれません。

投信を扱う金融機関からすれば、こんなおいしい商品は滅多にありません。以前は生命保険を推奨していた金融機関が投信を熱心に売るようになったのはこのせいかもしれません。

私は投信が悪いとは思いません。後述しますが使い用もあります。ですが、購入前にはその投信の説明書（交付目論見書）を読み、最低でも

◎すぐお金に変えることができるのか、

◎何にどのように投資をするのか、それがどうなれば儲かるのか、

◎信託手数料がどのように取られていくのか、

◎投資信託の繰上償還はどこで起きるか、

等々、これを機に勉強し、精査して欲しいと思います。そしてこれからお話ししていく堅実な株式投資方法とぜひ比べてみてください。

3　株なら老後資金は現金の倍の価値を持つ

「貯金に2000万円」と「株に2000万円」の違い

まず、「老後資金を株で持つと倍の価値と安心が手に入るよ」と伝えておきます。先述したように現金や投資信託で老後2000万円をつくっても、使っていけば減っていく不安が生じます。し

かしこれを株で行うとどうでしょう。

あなたが株を所有し毎年配当から100万円を貰うなら、あなたはそれまでに投資した株を手元に残したままで90歳だろうが100歳だろうが配当を貰い続けることができます。

子どもや孫と株主優待で食事に行ったりしながら、天寿を全うしたときには遺産としてその株を渡すこともできます。あなたは晩年、株からお小遣いを貰い続けながら、子どもたちに投資教育を行い、その知恵を引き継いで行けば、子々孫々までお金の不安を和らげることが可能ではないでしょうか。

現金になくて資産投資にあるもの

これまでの話を単純に言うなら、株のように「お金を生み続けてくれるもの（資産）を持つとよい」ということです。もちろん時代に合わせてインフレにも対応できるような会社の株（銘柄）がよいでしょう。その選択の基準は後述します。なので、今は順に基礎知識を蓄えて行ってください。

さて、ここで今すぐに1000万円の配当を貰おうと思えば、3000万円出して3・5％程度の配当利回りの株を買えば事足りるようにも見えます。しかし、それでは非常にお金がもったいない。そしてその方法では、株で損する確率はハネ上がってしまいます。

何か誤魔化されているのでは？　と思われたかもしれませんが、将来配当を100万円もらうための下準備に20年30年と時間をかけるなら、実際の投資額はその何分の1かで済んでしまいます。もちろん学びは必要です。そして本書は、そのための戦略を記したものです。

これから、あなたも最初の図表1のような資産構築を実現していきましょう。ですが今はまだ、資金を貯めておいてください。そして学びながらあなたの期待する資産額に近づくよう、できる限り堅実に、そしてできるだけ安全に投資を行って欲しいと思います。はじめに言ったように、決してギャンブルでお金を増やす話をしようとしているのではありません。

4　ギャンブルと堅実投資の区別がない日本

「投資」を分類しておこう

ここで一旦、世の中の色々な投資を比べながらお金の勉強をして欲しいと思います。いわゆる金融リテラシーを磨くお話です。

まず、投資と言って思い付くものをできるだけ書き出してみてください。怪し気なものであっても大丈夫です（笑）。銀行預金、株、投資信託、不動産賃貸投資、国債、金、ＦＸ、仮想通貨、ビジネス、ウナギ養殖投資……色々他にも思い付く物があれば図表3に書き込んでみてください。

実際にあなたが現在投資している物があれば、どんな位置にある投資なのかも気が付くはずです。

〔図表3　投資振り分け空〕

DLできます➡

投資の振り分けをしてみよう

投資	元本保証	失敗してもある程度残る	失敗したらかなり減る	失敗したら元本0になる	失敗したら負債を負う
	資産投資(持っているだけでお金を産む物)				
	売買時の利幅だけで儲かる物				

ローリスク・ローリターン　　　　ハイリスク・ハイリターン

投資の分類はできましたか？　実際に自分の頭で考えながら行うことが大切です。目を通すだけでペラペラとページを進んでしまったのなら、少し戻って、あなたがやりたい投資が失敗したときのリスクの大きさを理解しておくことをおすすめします。

もちろん、どんな投資であっても、あなたが充分な知識と強運や大量の投資資金を持ち、既に努力の上に成功を掴んでいる人であれば、儲かることは否定しません。その確率も高いはずです。でも、安全と着実な投資を大事にするなら、図表3でリスクの高いものは投資と名の付いたギャンブルになる可能性が有ります。

資産投資とそうでない投資

ここで必ず理解して欲しいのは「持っているとお金を生むもの（資産）を買うのが資産投資」、「売買の利幅を狙うのはギャンブルに限りなく近い投資」ということで

〔図表4　投資振り分け〕

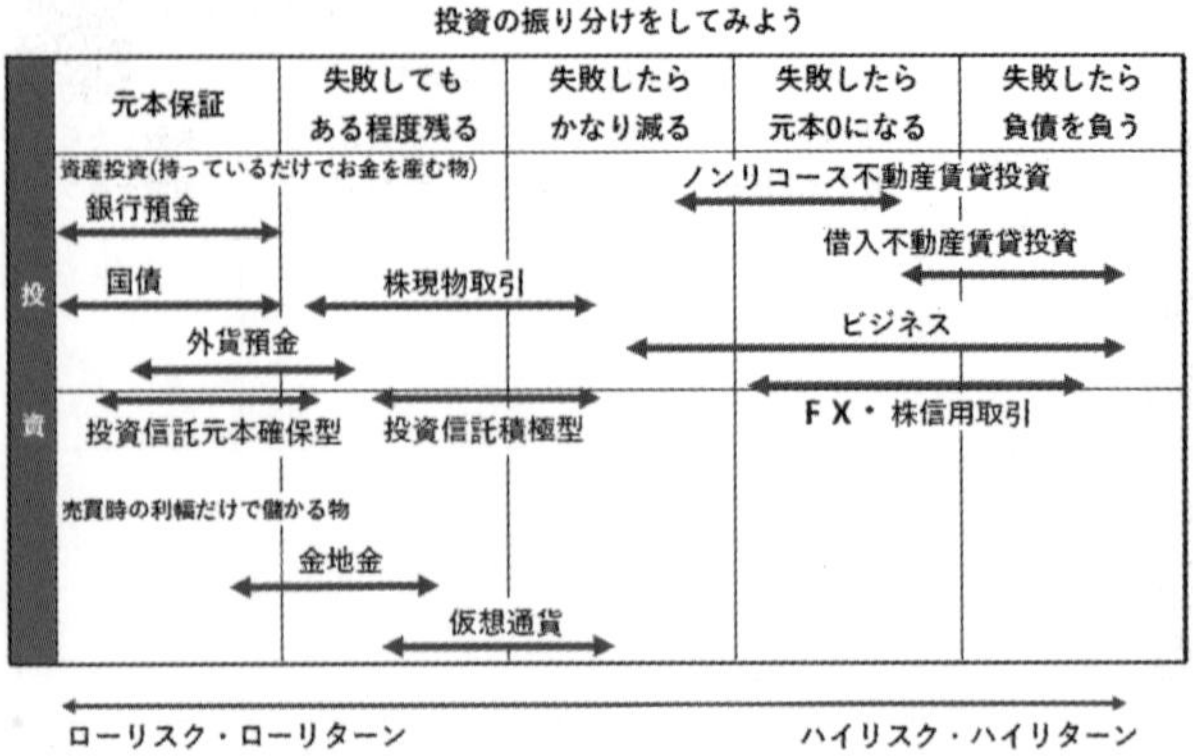
投資の振り分けをしてみよう
元本保証
失敗しても ある程度残る
失敗したら かなり減る
失敗したら 元本0になる
失敗したら 負債を負う
資産投資(持っているだけでお金を産む物)
銀行預金
国債
株現物取引
外貨預金
投資信託元本確保型
投資信託積極型
ノンリコース不動産賃貸投資
借入不動産賃貸投資
ビジネス
ＦＸ・株信用取引
売買時の利幅だけで儲かる物
金地金
仮想通貨
投
資
ローリスク・ローリターン
ハイリスク・ハイリターン

す。資産投資と投資は必ず分けて考えてください。これが堅実投資への第一歩です。

投資詐欺の見分け方

ちなみに投資してその年から年利6％（月利0・5％）を超えるような投資話が向こうからやって来たら99％詐欺と思ってください。仮に投資先の事業の内容や営業マンの話す内容が信用できる気がしても、いずれその事業体は経営破綻して、投資元本はあなたに戻って来ない確率が高いでしょう。

ここで、配当リターンの高い詐欺投資について、騙されないように理由を説明します。例えば、日本の儲かっている大企業ですら、投資された株価に対して5％位の配当しか払うことはありません。

そんな現状があるのに、あなたに約束する高額な配当金よりも遥かに安い金利でお金を貸してくれる銀行には、事業資金を借りに行かず、わざわざ赤の他人のあなたのところへ、「それ以上の配当を払うからお金を出資して欲しい」と言ってくること自体が普通に考えれば論理破綻していて無理がありま す。ちなみに、出資や投資は受け取った側にお金を返す義務はありません。

投資目線で会社財務を学んでいくと、それでは長く経営を続けられないであろうことはすぐにわかることです。おかしな勧誘に手を出したり、最初約束通り多額の配当を受け取ったからといって投資額を増額したり、向こうからやって来る投資話には十分注意してください。投資詐欺にお金を注ぎ込んだ場合は、投資ですらありません。

どうしてものときは少額だけ試す

また、おすすめはしませんが、資産でないものやどうかな？　と思うものへの投資も、極少額を宝くじだと思って買うなら楽しいかもしれません。ただし、失敗しても笑って諦めてください。

私には現在の日本で「投資」と言われるもののほとんどが、リスクを含んだギャンブルに見えてしまいます。そして資産投資と呼べるものであっても、投資の仕方によってはギャンブルになってしまうことがあります。また、他人の作為によるリスクはないか。自分ですぐに売買（現金化）できる投資商品なのか等もリスクとして把握しておく必要があります。

株式投資がギャンブルになるとき

さて、色々分けた結果が図表4です。株式投資は配当があるので、私は資産投資に分けました。ただし、ここで堅実な資産投資を推奨する私には短期で株の売買取引（トレード）をすることはギャンブルだと言っておきます。また、無配当の株を買うのも資産投資ではありません。これを資産投資というのならパチンコは資産投資側に分類することになってしまいます。

株はギャンブルの対象に一番向かない投資

ここであなたに知っておいて欲しいのですが、株は他のトレードと比べ、勝ったときのリターンが小さい投資対象物です。もしあなたが一気に大金を手に入れたいのならＦＸ（外国為替証拠金取引）等の差金利益を多く取れるもののほうがギャンブルとしての旨みがあります。

世の中には、資金管理をしっかり行い、損は傷が浅いうちに切り捨てリスク管理を行い……といった考え方もありますが、私には投資と名の付いたギャンブルにしか思えません。株で短期トレードをするくらいなら、まだ競馬のほうが勝ったときのリターンが大きく、ギャンブルとしては余程有利かもしれません。はっきり言って株はギャンブルには向いていません。

また、空売りなど株の信用取引は手持ちの資金より大きな額の株取引も可能でリターンも多くはなりますが、証券会社から借りた株や資金の決済を限定期限内に行わねばならず、現物の株取引で勝てない人が勝ち続けられるほど甘い世界ではありません。よく「株式投資で5年後に勝ち組にいるのは１％以下だ」と言われますが、株の短期トレードで儲けようとするなら、当然そうなるでしょう。よほどの投資技術でもなければ、とてもあなたの老後に安心の土台を造る資産投資にはなりえません。

それから株式投資を借金で行うのも論外です。私の曽祖父はそれで家屋敷をほぼ失い、家族は借金に追われました。株はやり方次第でギャンブル投資（tread）と資産投資（invest）に分かれてしまいます。

誰かが大儲けする反対側で損してしまうのがギャンブル投資、買ったものに価値を生ませながら貯えていくのが資産投資です。先々話していきますが、堅実な資産投資は少しずつの着実なお金の増加に長く時間を取れるほど、あなたに有利に働いてくれます。

株式投資が本当の資産投資になるとき

実は、お金のプロである銀行は、皆さんから集めたお金のかなりの部分を有価証券投資に投入しています。２０２２年度の三菱ＵＦＪフィナンシャル・グループの決算書を見ると、国債の割合が高く株式の割合はさほどでもありませんが、有価証券の売買益などを表す「その他業務収益は６０００億円」、「有価証券利息配当金は１兆４０００億円」です。

有価証券の売買益よりも多くの利息配当金を得ていることがわかります。これは銀行の収益の柱の中で、貸出金利息2兆8000億円、役務取引等収入1兆8000億円に次ぐ3番目に多い収益源になっています。会社の財務状態や経営状態を見て融資を行うプロ集団は、トレードではなく資産投資でかなり儲けている様子です。あなたもこれを見習わない手はありません。

実際、株トレードで一攫千金を狙っても1時間後1日後の株価が100%わかる人は私の知る限り何処にも居ません。でも、資産投資を理詰めで学び考えながら千載一遇で訪れる機会に資産を積み重ねて行くことで、誰でも老後に安心できるような資産形成をしていくことができると思っています。

そして、株には様々な面で我々のような一般人に有利に働く点が色々あるのです。

5　私が堅実投資に株を選んだ理由

株式投資は一番公平性が高い投資

第一に、株式投資は他の投資に比べ、公平です。誰でも欲しい銘柄を欲しいときに売買できます。また、会社の決算発表情報などはネット環境があれば誰でも発表と同時に閲覧可能です。

稀に粉飾決算を行う会社もありますが、財務分析ができればおかしいと気づくこともできます。

また同じ情報を見るので皆イコールコンディションです。証券市場の取引も公の場で行われますし、インサイダー取引規制等、法律の規制や金融庁による証券監視委員会等もあります。

つまり、株式投資は、おかしな力が働きにくいところで、自分の力量次第で誰とでも対等に勝負でき、かなり公平性の高い投資が行える場だといえます。

株は小額から始めることができる

また、株は、普通の人に許容できる小額から始められます。初心者でも身の丈に合った金額からスタートすればよいのです。そのための効果的な資金投入方法も後述しています。

株は世の中に合わせて入替が一瞬でできる

更に、株の圧倒的によいところは、危ないと思ったときにはすぐに売り逃げができて、別の銘柄に変更ができる点です。資産価値が薄れていくことがわかった銘柄を処分するのにかかる時間は、ネット証券なら、せいぜい5分程度でしょう。

株はどこに住んでいても自分一人でできる

現在、株取引はネット環境さえあれば、世界中どこに住んでいても可能です。また、ネット証券会社を使って取引をすれば、証券営業マンを介して売買注文を入れなくても、自分のパソコンなどを使ってどこにいても一人で注文が出せますし、営業に悩まされることもありません。

株は何十年でも放置しておける

さらに株のよいところは、保有期間中に何もしなくていいという部分があります。何十年持とうが保有していること自体で税金や手数料が引かれることはありません。

もちろん配当を貰えば納税が発生しますが、標準的な特定口座源泉徴収ありの設定なら、税申告する必要もありません。ただ、税制度は頻繁に変更されるので詳細は税のプロにご相談ください。

不動産投資はすごくよい投資なのだけど

さて、図表4では資産投資に、銀行預金、国債、現物株取引、不動産投資を書き込みましたが、ここで比較のために、不動産賃貸投資を取り上げてみます。

私は収益不動産への投資は旨みのあるとてもよい資産投資だと思います。街中のよい物件がよい条件で手に入れば面白い投資になるはずです。

ただ、自分一人では何もできません。不動産業者にお世話にならなければ選ぶ物件すらわかりませんし、抜群によい物件は不動産業者さんが自分たちで持って行ってしまいます。お世話になる相手を選ばないと、おかしな物件を掴んでしまう可能性もあります。

多くの場合、銀行から借入を行い、その返済を行いながら家賃収入を得ていくことになりますが、もし空室により家賃収入が減り、お金が工面できない場合に、所有物件を売ろうと思っても、株のように簡単に売ることもできません。ここでも仲介業者が必要になってきます。どうしても早く売却したいときは相場よりも値下げしてでも売る必要に迫られるかもしれません。

また、返済が滞って一括返済を迫られた際、日本では、その物件を担保にお金を借りていても、担保を差し出しただけでは銀行は許してくれません。物件を処分しても残った負債はあなたが背負って返していく必要があります。私はこの部分が一番のリスクだと考えています。

しかし、ノンリコースローン（責任財産限定ローン）で資金を借りることができるのであれば万が一のときには、担保の放棄のみで済むので、借金を引きずることはありません。

そして、当然ですが不動産を所有している間、固定資産税の支払いや税務申告の手続、空室対策、物件の修繕費用なども必要になってきます。

更に、不動産の場合は出口戦略を考えておかねばなりません。老朽化した所有物件の処分や、相続や相続税なども想定しておく必要があると私は考えています。

それらをクリアした状態で立地や購入価格、実質利回り、銀行の融資条件もよく、安心して管理業者に任せることができるなら、間違いなく株よりも魅力の高い資産投資になるとも思います。

株だけが自力で成長してくれる

最後に、株が一番資産投資に向いていると考える理由は、その銘柄の会社自身が、会社の価値を高めて行く努力をしてくれる点にあります。インフレにも、為替変動にも、ピンチにもチャンスにも会社を大きくしよう、たくさん儲けて給料をたくさんもらおうと経営者も社員さんも頑張ってくれます。そして会社価値とともに株価を底上げし、配当を増やしてくれます。あなたはその間、自分のやりたいことをしていてもよいのです。これらが私が株をすすめる大きな理由です。

6　サラリーマンが堅実株式投資で最強！

サラリーマンとお金持ちが資産投資の世界では最強

異論はないと思いますが、大金持ちは投資額が多い分、リターン額が多額になるので投資で最強です。しかし、本書が紹介するような長期の資産投資なら、定期収入のあるサラリーマンはかなり有利です。投資に失敗しても、月給は入ってきますし、生活水準も変わりません。不景気で給料が減ることはあっても、事業主のように会社維持のために資産を売ったり借金をする必要もなく、安定してコツコツお金を貯めながら景気の悪いときでも継続的に資産投資を続けることが可能です。ゼロから投資を始めるなら、サラリーマンは長期資産投資で最強なのです。

第2章　フツーの人が株で勝てない理由

1　私もこれでお金を失ってしまった

お金が減ると大変だ

あなたは自分の労働や時間を使って手に入れたお金が、何かを手に入れる訳でもなく投資で消えてしまったなら悔しく悲しいことでしょう。投資目線で見て、お金が一旦減ってしまった後で取り返すのは大変です。投資資金が減れば、その分リターンも小さくなってしまうからです。

また、株の場合、資金が少なければ高い銘柄に手が出なくなり、千載一遇の機会を逃すことにもつながってしまいます。

この章では、お金を増やす前に、お金を失わないことに重点を置いて考えてみましょう。

誰もが通る道を避けて最短ルートを行くために

私が30年以上株を続けた中で失敗は数多ありますが、案外「み～んなやるんだな」と感じる失敗を反面教師として挙げておきます。今なら絶～対にやりません（笑）。本書を手にしてくださったあなたには、私と同じ轍を踏むことなく株式投資で安定資産をつくって欲しいと思います。

投資の神様がとんでもなく儲かる理由

投資の神様Ｗ・バフェット氏は株の世界で知らない人は殆どいないでしょう。私も彼の名前をタイトルに持つ本を沢山読んできました。参考にしている根本原理もいくつかあります。

世の中では、「彼の会社バークシャー・ハサウェイがこの株を買った。この株をよいと言っている」そんなニュースが流れる度にその銘柄はグングン値を上げることがしばしばあります。

さて、この中で大きく儲かったのは誰でしょう。みんなで大騒ぎして同じ銘柄を買って株価を上げてくれるのですから、彼の会社バークシャ・ハクサウェイはかなり儲かるはずです。もちろんその便乗で儲かる人も沢山いるはずです。しかしそこにはいくつもの罠が隠れています。ここではあなたの前に現れる「儲かりそうな情報のリスク」について投資目線で考えて行きます。ちなみに私が知る限りＷ・バフェット氏が書いた本は１冊もないはずです。

「ご馳走様」というのは誰か？

ここで、少し考えてください。Ｗ・バフェット氏に限らず、「この銘柄が儲かりそうだ」「これからは株が値上がりしそうだ」そんな情報をワイワイ騒ぎ立て、その情報が流れることで儲かる人たちが他にも居ます。それは誰でしょうか？

第一に、その情報のおかげで取引が増え、証券会社は手数料で儲かります。そして証券会社などからCMを貰えるTVメディアや、そういった情報を掲載する投資雑誌などは「株だ、株が儲かる！」と投資熱を煽れば売上が伸びて、儲かる可能性も高いでしょう。

それから、その「儲かりそうな銘柄」に飛び乗った投資家の中には、インターネット上の有名掲示板などで「値上がりした！　儲かっている。この銘柄最高！」と煽り立て、誰かが釣られて株価を上げてくれることで儲かる人も居るでしょう。

何も考えず「儲かりそう」と思いカモになった投資家以外はみんな「儲かったよ。ご馳走様」と言って大儲けできる訳です。彼らは同じ理由で勝率の低いデイトレードや頻繁な株の売り買いにもカモを引っ張り込もうと騒ぎ立てるので注意が必要です。

儲かると聞いた銘柄が持つリスク

ここで「儲かる情報」に踊らされて「まだ上がるカモ」と遅れて乗り込んだ人は、余程運のいいタイミングでない限り乱高下する株価の中でギャンブルに巻き込まれ、自分のお金を失っていきます。そしてまだ上がると思って買って株価が下がり、これ以上損したくないと思い売ると株価が上がる。そんなありふれた損を重ねてしまうことになります。

ここで気づいて欲しいのは、誰かがよいと言っている銘柄を買うことは大きなリスクだ、ということです。あなたが株を買いたくなるような情報は、ほぼ他人の利益のために発信されています。

イメージやおすすめ銘柄が持つ「儲かりそう」なリスク

私が株を始めた頃、ＣＭに出ている綺麗な女優さんを見て、あぁいいなぁ、「この会社儲かっているんだろうなぁ」と思い、確か２００円前後で鐘紡を買いました。当時まだ株の最低購入株数は１０００株だったのでおよそ20万円。仕事を始めて間もない私には結構な大金でした。

しかし、「ＣＭを見ると儲かっていそうだし、いくらに増えるかなぁ」そんなことしか頭になかった私は、深く考えることなくその銘柄を購入してしまいました。

その後、１３０円位まで下落して売るに売れず塩漬けになってしまいました。時が経ち、忘れた頃に「上場廃止になりました」という文章と共に現物の株券が郵送で届きました。とても貴重な経験でしたが、今なら絶対にそのような銘柄に手は出しません。

他にも、新聞で画期的な新商品発売の記事を見て……とか、知人に「鉄鋼株が下がると軽金属株が上がる」と聞いて……とか、バフェット系の本に書いてあった飲料水の銘柄とか、これから上がる三大銘柄とか、大して調べることもせずに「儲かるだろう」と勝手に思い込んで株を買い、散々な目に遭ってきました。

ニュース銘柄・有名銘柄が持つリスク

株をやるなら、思い込みや人づてに聞いた話、書籍などに紹介された銘柄、ＴＶ番組で取り上げられた会社等々、他人発の情報や勝手な思い込みによるイメージで「儲かりそう」と思ったときには、既に「誰かの情報に乗せられているかもしれない。カモにされる可能性が大きい」そう考えるくらいになってほしいと思います。周りが株、株、言い出したタイミングならば、尚更あなたが乗ろうとしているのは、かなりの確率で既に泥船です。十分ご注意ください。

2　株価が動くタイミング

必ず株価が動く日とは

さて株には、株価が大きく動く日が1年に6回存在します。これは株価がここで必ず上がるとか、下がるとかいう話ではありません。その場所で、多くの投資家が戦いを繰り広げる時期という意味で覚えておいてください。そうでないと、あなたはカモになって泣くことになります。

例えば3月決算の会社なら、1年の業績発表日である本決算発表日（5月頃）。第一四半期の決算発表日である8月頃。中間期決算発表日である11月頃。第三四半期の決算発表日である2月頃。これらは会社の業績発表日に、どの位の売上や利益を上げているかが公表されるために、それに反応して株価が動きます。特に中間期決算と本決算の発表日は比較的大きく値動きがあります。これは、株価が会社の財務状態によって大きく影響を受ける証であると私は考えています。

投資家たちが裏のかき合いに群がる季節とは

それから決算月の月末（3月決算の会社なら3月末）は、配当や株主優待を貰う権利の確定日があるため、その権利をめぐって、配当が欲しい人、それに便乗して高値で売ろうとする人等、様々な思惑が交錯して株の売買が頻繁に行われ、株価が大きく動きます。

したがって、株式投資を行うのであれば、最低でも買う銘柄の決算月や決算発表日くらいは把握しておく必要があります

また最近では5月下旬から6月にかけて、株に投資している投資ファンドの決算期があり、その期間に大量に株の売買が行われるため、より大きく株価が動く傾向があります。

株投資をするならこれらの事実を理解して「このタイミングで理由も知らずに右往左往したり、配当に目が眩んで高値で株を掴まされたりしない」と頭の片隅に刷り込んでおいてください。

3　株価チャートを読むリスク

株価チャートを読もうとすることのリスク

例えば、株の知識を手に入れようと書店に行くと、推奨銘柄を紹介する書籍等と同じく、株価チャートの描いた形で、その先の株価の上下を予測する方法を説いた書籍等があります。

もちろんその方法で巨万の富を手に入れた方はいらっしゃると思うのですが、私は色々やってみてもそれで続けて稼ぐことはできませんでした。

ロウソク足（株価の動きがわかる株価チャートの線タイプ）のパターンの読み方や、移動平均線、ゴールデンクロス（株価が上がると言われるサイン）、デッドクロス（株価が下がると言われるサイン）もただの結果でしかありません。

○○パターン、○○テクニック、何パーセント下がったら損切り売却しよう。この指標がこれ以上になったら、とか……株価チャート（株価の軌跡グラフ）に色々線を引いて、この線を越えたら、この線で下げ止まるはず、このパターンが出たら株価は上がる。これが騙しパターンだ、とか……配当確定日前後に現物株買いと空売り（信用取引で他人の株を借りて売りから入り、株価が下がったら儲かる手法）の両建てをしてリスクゼロで配当や優待を手に入れよう。等々、「儲かりそう」な響きなのですが、結局負け確率の高い丁半博打になってしまいます。

秘密の売買サインは役に立たなくなる

ただ、その方法を使う人も多いので、ある程度は株価がそこで反応することも事実です。私もそのタイミングを少し利用することもあります。しかし、相場（株トレード）の世界はプロもＡＩも参戦する裏のかき合いです。何かに反応して株を買う人がいることがわかれば、それを待っていて株を売る人が集まって来るようになります。買えば下がり、売れば上がるようなことが起こります。

つまり、元プロディーラーが教える売買ポイントや、取って置きだったはずのトレードテクニックもいつの間にか裏をかかれて役に立たなくなってしまいます。公に販売されたトレード手法なら尚更です。多くの投資家は儲かりそうな勉強への投資を惜しみません。だからこそ、折角何万円も払って手に入れた秘密の方法が使われれば、役に立たなくなっていきます。そういった類のことは、私以外にも多くの方が経験されているように思います。

株価なんて誰にも予測できない

株は株式市場に売りたい人と買いたい人が集まり、そのバランスの中で上下しています。「この値段でも買いたい」という人が多ければ株価は上がり、「今うちに売りたい」という人が多ければ株価は下がります。単純なことなのですが、「利益を取るために、上がった株は必ず売られます」言い換えれば「上がった株は必ず下がる」のです。

普通の人はトレードでは勝てない

そして、株式市場の参加者には１００株しか売買しない個人投資家も居れば、一日中パソコンの画面に張り付いてトレードを行うデイトレーダーも居ます。他にも世界を股にかけた投資ファンドが数百億数千億円のお金を集めて、自ら株価を上げたり下げたりできるほどの巨額な投資資金を駆使するプロのファンドマネージャーによる投資も参戦しています。また、ＡＩなどを駆使した極高速での株売買など、株式市場には相手の裏をかこうと必死で売買を行う投資家たちでいっぱいです。

でも、そんなプロやＡＩも、巨額の損失を出したりファンドが立ち行かなくなったりすることもあって、ニュースなどで目にすることもしばしばです。そのような現状の中で我々のような普通の投資家が自分のお金を使って短期トレードで勝ち続けることは、ほぼ不可能です。

最近流行のＳＮＳ等には毎日のように、「こうすればトレードで勝てますよ」「儲かる株教えますよ」といった甘言で勧誘広告が追いかけてきます。でも、短期間の株価がこの先上がるか下がるかわかるようなら、世の中は天才トレーダーと株長者だらけのはずです。

もしかしたら「お前がトレードするのが下手クソなだけだ」と言われてしまうかもしれませんね。ハイ、認めます。私はトレードが下手クソです。株価チャートに色々な線を引いたり、ローソク足の形や移動平均線を見て株価の行く先を占ったり、自分やシステムが色々引いた線に触れたら売るとか買うとか、損切りで安全にとか、とてもじゃないですが勝てる気がしません。だからこそ私は短期トレーダーと同じ土俵で戦いはしません。本書はそんなトレード音痴でも何とか資産構築ができるように、もっと堅実な方法をこの先お話ししていきます。

第3章　株式投資を誤解している99%の日本人

(投資目線の重要基礎知識)

1 「そもそも株とは何か」答えられますか？

株とは何でしょう？

この問いにあなたは答えられるでしょうか？　株をやらない人や株の失敗で懲りている人は、博打の道具と思っている方も多いように感じます。実際、「株」と言っただけで顔を曇らせ距離を取られることも多々あります。正直なところ少し寂しく感じます（笑）。

さて改めて、「株とは何でしょう？」実際に株式資産投資をする上で売買の判断を左右する重要な話なので、少し難しいかもしれませんが、根本部分から考えてみましょう。

株は何のためにあるのか

まず、株には発行することで、その会社がお金を集められるという面があります。銀行に借金をしなくても、株を発行すれば返す必要のないお金を大量に手に入れることができるわけです。

その代わりに会社が儲かれば、株を持った人（株主）には利益の中から配当が分けて貰えます。

つまり、『株とは、配当を貰える権利書』なのだと覚えておいてください。この考え方は堅実な株式資産投資の重要部分であり根幹です。

株が持つ側面

次に、株は会社の経営を左右するような決定を行える株主総会での議決権となり得ます。１％の株を保有すれば、株主総会で株主提案ができます。また３％の保有で会社の会計帳簿の閲覧ができ、株主総会の招集請求や取締役等の解任請求が可能になります。

そして保有数が３分の１を超えると、会社の譲渡や取締役の解任等に拒否権を持つことができます。

つまり、逆から考えると会社経営陣に味方してくれる株主が３分の２を超えていないと、思い通りに会社運営させてもらえない恐れが出てくる訳です。

この議決権について考えると、私たち一般投資家は、株主総会に参加することはできますが、１％もの株を持つことはほぼないでしょうから、重要なのは「配当を貰う権利」の部分です。しかし、その配当に関しても。誰が議決権のある株を大量に持っているかで会社の経営陣が変わり、経営方針が変わり、株主への配当金の支払額や、ひいては株価の行方にも大きく影響が生じます。したがって両者の影響をしっかり考える頭を持って投資を行う必要があるのです。

株の大量保有による例としては、日産自動車があります。同社は２０００年前後に３分の１を超える株を外国資本に持たれ、海外から役員が送り込まれました。その後、その役員は、経営者となり会社の経営方針が大きく変わり、株価にも大きく影響を与えることになりました。

〔図表５　議決権〕

保有する株の議決権の比率と、主な権利

議決権比率	行使できる主な権利
2/3以上	定款変更・監査役の解任
	会社の合併や分割、株式交換、事業譲渡の承認
50%以上	取締役の選任、解任。監査役の選任
	取締役・監査役の報酬や配当の承認
1/3以上	**株主総会の2/3以上必要な案件を単独で阻止**
10%以上	解散請求
3%以上	株主総会の招集・**帳簿の閲覧**
1%以上	株主総会の株主提案権

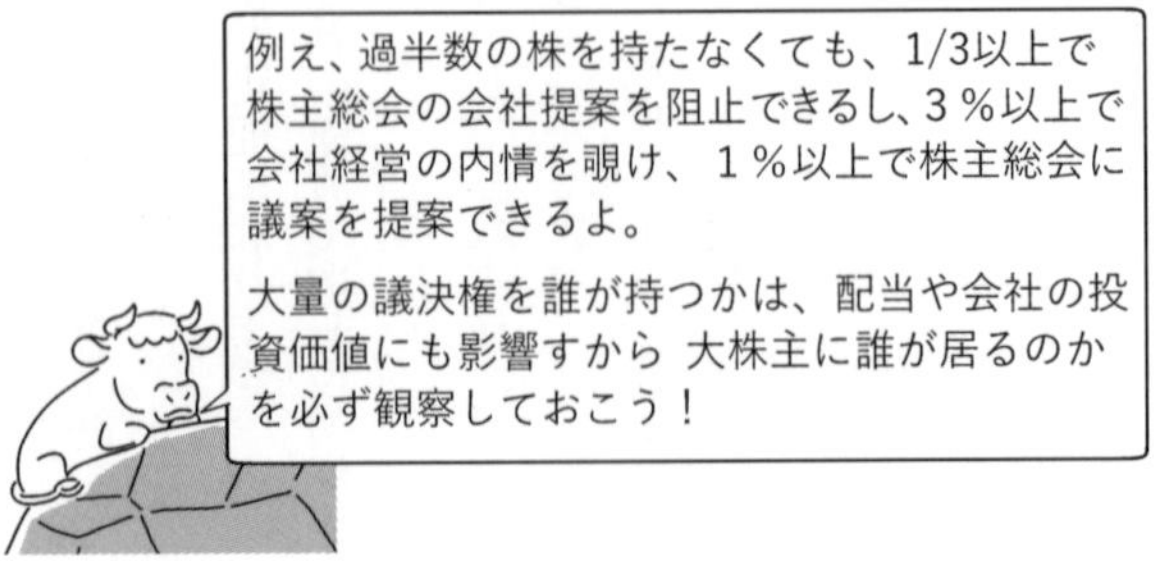
例え、過半数の株を持たなくても、1/3以上で株主総会の会社提案を阻止できるし、３％以上で会社経営の内情を覗け、１％以上で株主総会に議案を提案できるよ。
大量の議決権を誰が持つかは、配当や会社の投資価値にも影響すから 大株主に誰が居るのかを必ず観察しておこう！

大株主の変化で変わる株の評価に関しては後述します。

株と株式市場を分けて考えよう

ここまでの話の中で、えっ、株ってそれだけじゃないでしょ？　株取引のことは？　と思いましたか？　普通の感覚ならそう考えるのが当然だと思います。なぜなら現状、投資家をはじめ多くの人が「株式市場は株の売買差額を儲けるための賭場」だと考えているように見えるからです。

ですが、もともと株は「『出資を募る代わりに、上手く行けば利益の中から配当を何％くらい払いますよ、でも失敗したら諦めてくださいね』と約束してお金を集めるための道具」です。

そして、あなたが日々ニュースなどで目にする株式市場は、この「配当が貰える権利書」の売買を行うところであり、同時に「会社経営に参画するための議決権利」の売買を行うところです。例えば、日本なら東京や名古屋、福岡、札幌の証券取引所があり、そこで株の取引を許された会社のことを上場会社（上場企業）と呼びます（執筆時点で一般取引可能な上場会社は３９００余）。

また、株式市場で決まる株の価格は、「配当受取」と「議決権行使」の権利を買える1株分の値段です。「会社が発行している株の総数」×「株価」を時価総額といい、その会社をまるっと買える価格と考えてください。しかしながら実際の経営権を手に入れるには、すべての株を持つ必要がないことは議決権の説明で話した通りです。

あなたには、この株そのものの持つ2つの権利と、その権利を売買する株式市場を別のものだと分けて考えるようにして欲しいと思います。もし、この株の持つ権利と株式市場を分けて考えず、ただ株価が上がるか下がるかを予想して丁か半か賭けるだけなら、それは非常にリスクが高いただの博打です。ここでは、株とは何か、株式市場とは何かを区別しておいてください。そして、「資産を生む銘柄を保有する価値」に対して相応の株式売買をして欲しいのです。

〔図表6　株とは〕

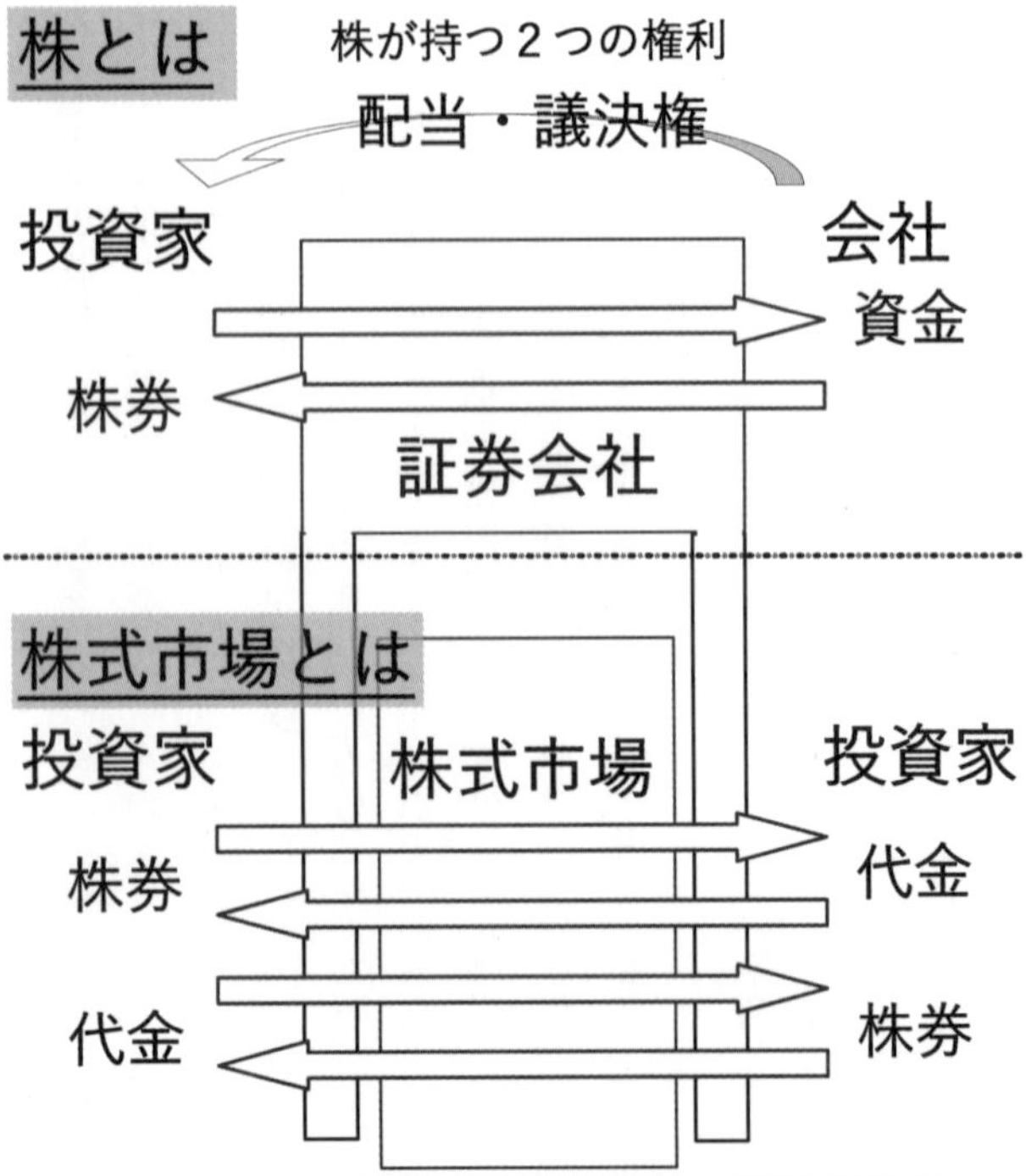
株とは
株が持つ２つの権利
配当・議決権
投資家
会社
資金
株券
証券会社
株式市場とは
投資家
株式市場
投資家
株券
代金
代金
株券

本来は「株が持つ２つの権利」の価値が株価を決めるよ。だから、配当は大切な要素なのさ。

2 【重要】配当を深堀すると見えてくるもの

配当は利益から払われる

ここからは、「株は配当を貰うための権利書」という前提の基に、配当について色々な角度から話を進めていきます。

基本的に、株を保有する株主に払われる配当は、会社の売上から材料費や宣伝費、人件費、税金を払い、残った利益の中から配当が払われると覚えてください。その際、利益の中から何％の配当を払ったかの割合を配当性向と言います。この流れを知っておくことが、株式資産投資を行う上でとても重要になってきますので、必ず覚えておいてください。

これらの数字や各会社に関する色々な情報は、証券取引所に上場している会社であるなら、最近は各社のホームページに決算短信、有価証券報告書という形で公表されています。その数字をどう判断するかについては全体像を解説した後、後述します。

配当を見ると会社経営方針が見えてくる

先ほど、「配当額は会社の経営陣が決める」というお話をしました。そのことは私たちが資産として株を持とうとするとき、見逃せない重要な要素になってきます。なぜなら、配当の払い方は、経営陣の考えにより変わってしまうからです。逆に考えれば、配当の払い方を見ればその会社の経営陣が何を優先して会社を運営しているのかも垣間見えることがあります。

大株主によって変わる配当方針

投資目線で色々な会社の大株主を調べると、創業者やその親族、その会社の従業員持株会、年金ファンド、国内外の投資ファンドや企業、銀行などが出てきます。図表5に示したように、1％以上の株を持てば株主総会で提案権を持つことができます。そのため、総会を無事乗り切りたい会社の経営陣は、大株主に配慮した経営方針や利益分配をするための配当方針を取りがちです。

例として、既に経営陣の中に大株主から送り込まれた取締役が存在すれば、尚更配当方針は大株主が望むほうへ傾くことになります。大株主に外国資本（以下、外資と表記）、更に経営陣にカタカナの名前がある会社は、配当を多めに払う傾向があるように私は感じています。

また、経営陣や大株主に同じ苗字が多くあるような親族経営の会社の中には赤字でも配当を払う会社も存在します。こうした大株主や役員による配当金の支払いに働く力は、後の会社の成長や財務状況に影響することがあり、株式資産投資家にとってチェックすべき項目の1つです。

配当性向も価値判断の目安になる

こういった会社の方針は、決算書の配当の欄にある「配当性向」を見ることでも見えてきます。大きく分けると、どんなことがあっても同じ額の配当を払う会社もあれば、業績に応じて予め公言している配当性向に沿って配当を払う会社、例え利益が少なくても、配当性向１００％を超えても、資産を取り崩してまで約束に近い額の配当を払う会社、赤字でも配当を払う会社（この場合配当性向は「－」表記）もあります。もちろん、すべて会社の経営陣が決めています。

高配当株がよいとは限らない

最近の株式投資の風潮で、高配当株を狙った株の取得が持て囃されるようになってきました。とてもよいことだと私は思います。

しかし高配当を払う会社には少し注意してかかる必要があります。なぜなら、先に述べた大株主や経営陣の意向により高額な配当を払うことで、開発や研究、設備投資に使う資金が減らされて会社の成長や維持を阻害する場合があるのです。配当方針が「資産を取り崩してまで約束に近い額の配当を払う会社」であれば、配当を受け取る側としては、多ければ多い程、嬉しいことは間違いありません。しかし、会社の資産価値が下がっても配当を払い続ける会社は、長期の投資目線で見た場合には、かなり注意が必要です。

単純に高配当株を買うと損をする

先述のような、業績理由によらず高額な配当を払う会社は、余程業績がよくなければ、高配当を払い続けることで逆に価値を落とし、株価が停滞してしまうようなことも起きています。

高配当は、投資家にとって魅力的なのですが、長期的に見たときには会社自体の価値を落としていく恐れがあり、そうなってしまえば、いずれ配当金を払う原資すら失って、期待していた配当も減ってしまいます。そして、いずれ株価を維持できない方向に進むことになってしまいます。

高配当でも株価が下がって行くようでは資産投資の対象銘柄として本末転倒で話になりません。いくら高配当株でも、「他人が発した情報で儲かると感じても、闇雲に飛びつくのは厳禁」でしたよね。配当で無理をしている銘柄は配当性向が高いので見ればわかります。ご注意ください。

こういった会社は、大株主や経営陣などを確認して、同業他社と配当性向を比べ、株価チャートの伸び具合を比べることで見分けることも可能です。

連続増配銘柄について

高配当銘柄と共に連続増配銘柄も最近は強い人気がありますが、先ほどと同じように考えるのがおすすめです。連続増配銘柄は人気が高い分、株価が高いことが多いため、世間が「高配当株、連続配当株」と言って騒ぎ出したときには、既に高値である場合が多いことも頭に入れておかなければばなりません。

もし、あなたに資金的な余裕があり、株価の下落を笑って見ていられるのであれば、前述の配当性向などをチェックした上で、長期の投資対象としてはありかもしれません。ただ、本書を最後までご覧いただくと、もっといい銘柄を探すことができる可能性も出てきます。

あなたなら、この株いくらで買いますか？

さて、ここであなたに質問です。今、配当を必ず5円出す株があるとします。現在株価８００円。あなたはいくらならこの株を買いますか？　業績や業種等は安定している会社という前提で考えてください。はいスタート。

さあ、いくらならよいでしょうか？　８００円で買ったなら配当利回り０・６％、５００円で買ったなら配当利回り１％、２５０円なら利回り２％、１００円なら利回り５％の株式資産投資です。

あなたは、いくらなら買いますか？

私なら、日銀が想定するインフレ率２％以上の利回り、２００円以下まで待つかなって思いました。少なくとも銀行預金や国債の金利より高い利回りでなければ株を買うことは、かなりのリスクを背負います。

だって、株には買った金額の元本の保証がなく、明日の株価が上がるか下がるかなんて誰にもわかりません。日経平均が上がっていたって株価が下がる銘柄だってたくさん存在します。何か余程の有力情報でもない限り、わざわざ利回りの低い株は私なら買いません。

無配当株ならいくらで買いますか？

では、再度質問です。配当ゼロ円の無配当株があったとします。現在株価は５００円。あなたはいくらなら買いますか？　少しくらいは考えて進んでくださいね（笑）。

どうでしょうか？　私なら買いません。基本的に将来を考えた資産構築をしたい場合、無配当(以下、無配と表記）の株には手を出す気になれません。騙すような質問でごめんなさい。

これまでの話の中で、配当の権利書を売買する株式市場において、無配の株とは持っていてもお金を生まない株。つまり、資産性はなく、議決権しか持っていない株です。そんな株を一般人のあなたが資産構築のために買う必要はないと思うのです。それでは、正に丁半博打です。

無配の会社は、何か理由があって配当を払う余裕が既にありません。無配の理由を調べるのもいいでしょう。しかし余程一時的な理由の無配でない限り、再度無配になる可能性が高い銘柄です。

配当のない株はただの紙

無配の銘柄の場合、その株価は、「この値段ならすぐに買う！」という人が大量に現れるまで下落が止まる可能性が見えません。無配の一報と同時に大暴落することもあれば、その後、期待だけで買った投資家たちが諦めて手放し始め、更にジワジワ下がって行くこともあります。資産性がないものに付いた値段は、人気がなくなれば底抜けで下落していってしまいます。

もうわかると思いますが、無配の株を買うことは負け率の高い博打です。もしあなたが会社の決算書を投資目線で読む能力を習得した後で「やがて配当を払える財務状態の会社」と判断するのなら、少しだけギャンブルに走ってもよいでしょう。そのレベルの人がわかっていて買うのなら反対する理由は私にはありません。しかし、そうでなければ、堅実投資で無配の銘柄は投資対象ではありません。配当を貰う権利書が株なのに、配当が貰えないのなら、その株はただの紙と同じです。その紙切れを株式市場で売買するのは完全に博打です。

その銘柄を買う堅実な根拠

ここで気にして欲しいのは、あなたが「いくらなら買ってもいい」と思うかという部分です。株式市場はいつも参加者全員にこの問いかけをしています。

そして誰しも「この値段でいいよ。きっと儲かるから」そう思ったとき、株を買います。その集合体が株価を形成していきます。

あなたには、是非何か少しでも万人が買いたくなるような堅実な根拠を持って投資をして欲しいと思います。

それが、堅実資産投資の第一歩です。配当はその重要な材料の1つなのです。

3 【超重要】世の中の巨大マネーはここに向かう

金利と利回りの違い

さて、またまた質問です。あなたは、金利（利率）と利回りの区別が明確に付いているでしょうか？ 投資においてこの区別が付かないことは致命的と断言します。逆に、本節を理解するだけで、あなたにも世の中のお金の動きの基本が見えて来るはずです。

【超重要】金利と利回りの違いを理解しないと一生投資で損をする

金利には、預金金利、国債金利、借入金利、貸付金利など色々あります。「約束されたパーセンテージ」とでもしておきましょう。100万円貯金して金利1％なら、毎年1万円貰えます。

次に利回りとは、何でしょう？ 言葉にするなら「投資額に対する貰える額の割合」です。100万円貯金して1万円毎年貰えるなら、利回りは1％です。

株の場合なら、100万円払って買った株の配当額が1万円ならこの株の利回りは1％です。

同じく年利１％貰える国債を１００万円分買いました。毎年貰える金額は1万円です。利回りは「投資額に対する貰える額の割合」ですので、同じくこの国債の利回りも1％です。

ここまでは、金利（利率）と利回りに差はありません。そのためなのか区別ができていない人は私の周りにも沢山いらっしゃいます。投資は銀行預金と保険だけという人なら尚更です。

では何が違うのか？　株や国債のように、あなたが投資したものが市場で取引されることにより、「利回り」と「金利」は違うものと認識できるようになってきます。

株の本当の配当利回りは買ったときにはわからない

少し話が逸れますが、必要な情報なので、あえてここでお話ししてから本題に戻ります。実は、あなたが株を買うとき、あなたが貰える配当額は、その時点では、まだ決まっていません。

どういうことかと言うと、配当を貰うためには、例えば、3月が決算の会社であれば、3月末に株を保有していた人にしか、配当は払われません。そして、その配当額が確定し発表されるのは、5月前後です。それまでは配当の予想情報しかありません。つまり、あなたが株を買う時点では、本当の配当額はわからないのです。よって、株を買う時点でその株の配当利回りはわかりません。

世の中で「配当利回り何％の高配当株！」と言っているのは、前年の配当額に対する利回りか、予想発表されている配当に対する利回りなのです。

〔図表7　本当の利回りがわかるのは〕

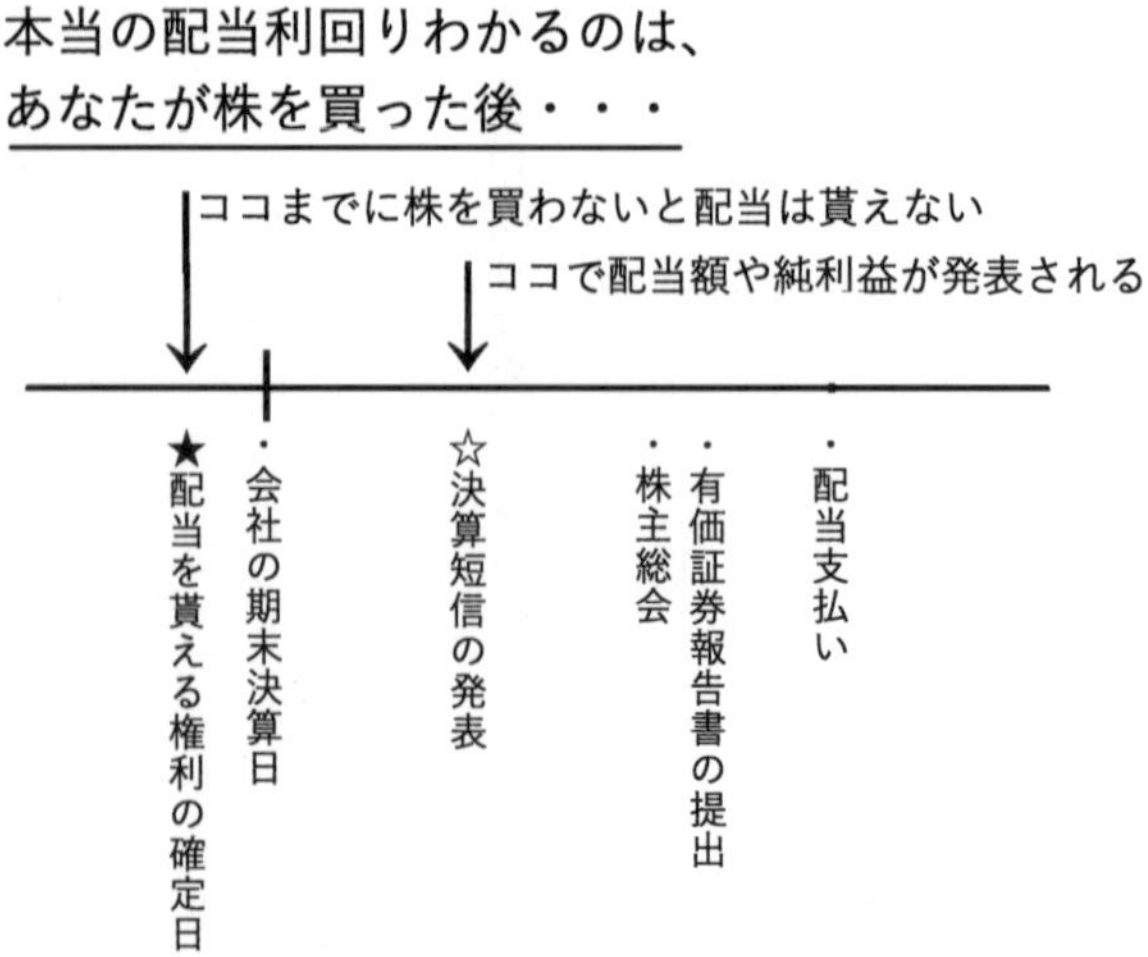
本当の配当利回りわかるのは、
あなたが株を買った後・・・
ココまでに株を買わないと配当は貰えない
ココで配当額や純利益が発表される
★配当を貰える権利の確定日
・会社の期末決算日
☆決算短信の発表
・株主総会
・有価証券報告書の提出
・配当支払い

※ あなたが目にする配当利回りは、過去のデータと現在の株価で計算されています。
株価が下がった原因が、業績の大幅な悪化によるものでも、次の配当が確定するまでは、過去の配当額で計算された高い配当利回りが色々な場所で表示されています。

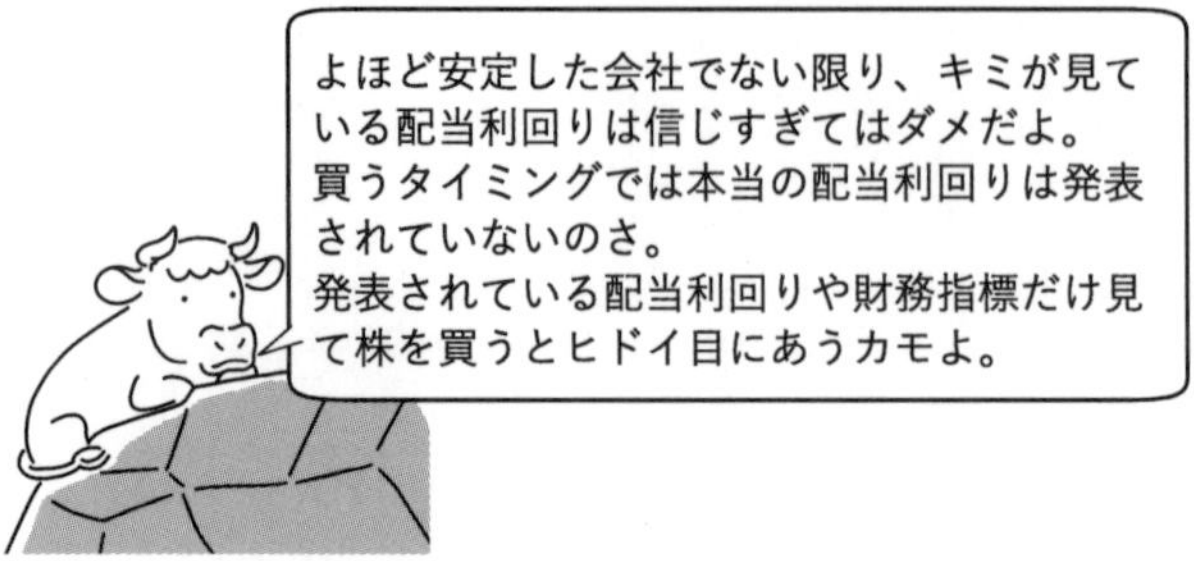
よほど安定した会社でない限り、キミが見ている配当利回りは信じすぎてはダメだよ。
買うタイミングでは本当の配当利回りは発表されていないのさ。
発表されている配当利回りや財務指標だけ見て株を買うとヒドイ目にあうカモよ。

したがって「この銘柄が高利回りだ！」との宣伝に乗って、その株を買う行為は、本当にその利回りが出る投資なのかわからないまま投資をしていることになります。

ここで危ないのは、同じ宣伝に乗ってその銘柄株を少し早く買った人たちによって既に株価が上昇している場合です。もし、その値上がりを待ってひと稼ぎしてやろうとしている投資家が沢山居たなら、「儲かると思って買ったら下がってしまった」という状況になりかねません。「儲かる話」には常に株価の下落リスクが潜んでいます。損失を静観できる人以外は少し冷静になりましょう。

情報に煽られ慌てて高い株を買う必要はありません。

株の配当利回りを理解する

さてここからが本番です。少しややこしかったかもしれませんが、この世間で言われている配当利回りの現実を知った上で、改めて株の利回りについて考えてみましょう。

便宜上、ここでは理解しやすいように数か月後に予想どおりの配当が貰えるという前提で考えて行きます。

さて、配当が10円貰えそうな株をあなたが株価５００円で買ったとします。計算式は配当10円÷株価５００円となり、この株の配当利回りは2％です。この計算方法はしっかり理解してください。

株価が上がり、もっと儲かりそうな気がしたので、さらに８００円で同じ株を買いました。そのときの利回りは配当10円÷株価800円で約1・2％です。

更に株価が上がって来たので1000円でも買いました。利回りは配当10円÷株価1000円なので1％です。

株価もぐんぐん上がっているし、まだまだ銀行預金より遥かに割がよいので、1200円でも買いました。利回りは配当10円÷株価1200円で約0・8％です。このように配当の額に対し、株価が上がれば配当利回りは下がります。

ここでもし、予想発表されていた配当額の10円が何かの理由で増えて20円になれば、利回りは倍になります。そして、当然ですが逆に配当額が減ってしまい、5円になったとしたなら、配当利回りは半分になってしまいます。1200円で買った株の利回りは、配当5円÷株価1200円で、たった0・4％になってしまいます。普通はその時点で株価大暴落です。配当を少し貰えても、株価の下落でとんでもない損をしてしまいます。

このように、配当額が決まっている場合しか本当の利回りは予めわからないのですが、高い値段で株を買うほど、利回りが悪くなり、リスクの高い投資になってしまいます。

これを、機械的に「株価が上がれば利回りは下がる。株価が下がれば利回りが上がる」と公式のように覚えることを否定はしません。ですが、実際に自分でリターン額を投資額で割ったときの利回り計算を行うことで、迷わず理解が進み、応用が効くようになります。利回りの計算は実際に電

〔図表８　利回り〕

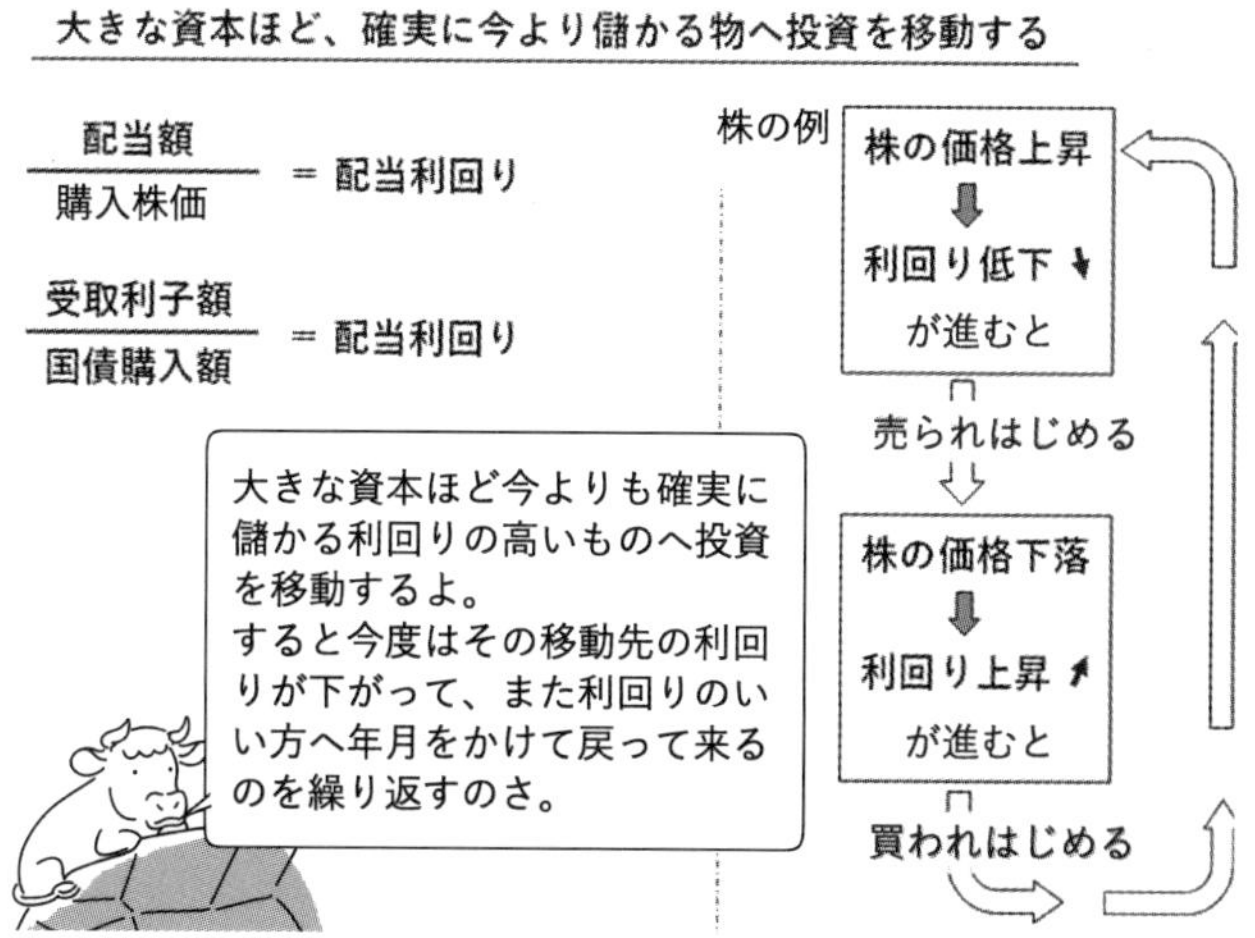
大きな資本ほど、確実に今より儲かる物へ投資を移動する
配当額
購入株価
＝配当利回り
受取利子額
国債購入額
＝配当利回り
株の例
株の価格上昇
利回り低下
が進むと
売られはじめる
株の価格下落
利回り上昇
が進むと
買われはじめる
大きな資本ほど今よりも確実に儲かる利回りの高いものへ投資を移動するよ。
すると今度はその移動先の利回りが下がって、また利回りのいい方へ年月をかけて戻って来るのを繰り返すのさ。

卓をその都度叩くようにすることをあなたにはおすすめしておきます。

国債の利回りを理解する

次に皆さんが混乱する国債の利回りについても少し考えてみましょう。要は株と同じです。国債の利回りと債券市場での価格をややこしく感じる方が多いのですが。国債とは何かと考え、「国債」と「債券市場」を分けて考えると理解しやすいと思います。

株価の動向にも関係してくることですので、ページを割いて、ザックリと解説いたします。

まず、年利１％貰える10年国債を発行されたときに１００万円分買ったとします。毎年貰える金額は１万円です。年の利回りは「投資額に対する貰える額の割合」ですので、10,000÷1,000,000

となり、「利回り1％の債券」です。

ここで10年間分の貰えるお金は10万円ですが、1年ごとに残り9万円貰える債券、残り8万円貰える債券、残り7万円貰える債券、と受け取る絶対額は減っていきます。ですので、他に要素がなければこの国債の価値は下がって行きます。

しかし数か月後、ここで新たに10年国債が年利0・5％で発行されたら、どうでしょうか？ 100万円払って5000円しか貰えない、「利回り0・5％の債券」です。

あなたなら債券市場に売りに出された1万円貰える債券と5000円貰える債券のどちらを高く買うでしょうか？ もちろん1万円のほうを少し高くても買いたいですよね。ですので、前に発行された1万円貰える債券の価値は上昇します。

『つまり、国の政策金利が下がって、新規発行される国債の利率が下がると、前に発行されている利率1％の国債は、債券市場で取引価格が上昇することになります。』

国債の受取利息の金額は一定なので、債券市場価格が上がれば利回りは下がり、債券市場価格が下がれば利回りは上がります。株の配当利回りと同じように考えればわかりやすいと思います。

ちなみに、国の政策金利が下がると、私たちの預金金利は下がるのですが、銀行が既に保有している国債は、債券市場では、以前よりも高値で売れるようになるわけです。つまり、国債金利が高いときに債券を買っておくと、高い金額の受取利息を貰いながら、景気が悪くなり政策金利が下がって来ると、持っていた国債の値段もどんどん上がって来るわけです。コレってかなり美味しい投資ですよね。

大きなお金は「堅実で安全」を求める

次は、今、あなたが銀行の頭取で１００兆円のお金を預かっているとしましょう。預金者には1％の預金金利を約束してこの１００兆円を集めました。

ここでアラブの王様と勝ったら倍に負けたら半分になるかもしれないゲームと、毎年2％をくれる国債投資が目の前にあったら、あなたはどちらを取りますか？　前者を選ぶ人は本書をここまで読んでいられないと思いますが、普通は利回り2％の投資を取るでしょう。

なにせ、元本が大きいので、2％でも2兆円です。預金者に1％の利息を払っても、1兆円の利益が出ます。私が頭取ならギャンブルを取ることはあり得ないと思います。

更に、そこへ毎年3％をくれる国債が出てきたらどうしますか？　何か余程のリスクがない限り、先程の利回り2％の投資を引き揚げて、利回り3％で3兆円貰えるほうへお金を移動するのではないでしょうか？

まして他人のお金を運用している金融機関やファンドであれば尚更、確実で高い利回りに対して投資を行うでしょう。

大きなお金は利回りに向かう

自分の目の前の投資商品だけを見ていると、気づかないかもしれませんが、先ほどの100兆円の話のように、世界中の大きなお金は、利回りの高いほうへ高いほうへと流れていきます。

国債の利回りが高ければ国債へ、不動産の利回りがそれより高ければ不動産へ、株の利回りがそれより高ければ株へ、投資額に対してもらえるお金が多いものに投資資金は移動していきます。

当然その対象となる利回りがより高い資産は取引市場において、価格が上がっていきます。つまり、もらえるお金が同じならやがて投資額に対する利回りは下がって行きます。そしてまた『大きなお金は利回りの高い物へと向かっていきます』このキーワードはとても重要です。

ちなみに、もしも世界中の経済や産業がぐちゃぐちゃで何もお金を生むものをつくれなかったり、投資するものがなかったり、その国の通貨の信用が全くなくなるような事態になれば金やダイヤモンド、土地不動産など現物へとお金は移動していくと考えてもよいでしょう。

また、世の中に投資マネーがあり余って行き場を失っていれば、たとえ少しの利回りでも稼ぎたいと思う大口投資マネーが増えることで、色々なものの市場価格は下落し難くなるでしょう。

大きなお金の動きを株で考える

ここで、本題である株を中心に考えてみましょう。

例えば、自分の投資した銘柄にみんなが集まって来て、値段が上がったとき、配当利回りはだんだん低くなり、株価の伸びもいずれ止まり始めます。

同時に株価の上昇が鈍くなることで、売却差益+購入時株価で計算できる売却益に対する利回りも徐々に低下していきます。

そして、株価が上がった後は、当然ですが株価の下落リスクが徐々に高くなります。そのため、旨みがなくなった銘柄から売られていきます。更に業績や配当を鑑みた上で、その先の儲けが期待できなければ、利回りが今より少しでも高くなる確率が高い銘柄や、何か他の投資へ資金を移動させようとしてその銘柄は売られ、お金が動き始めます。

ちなみに、そのタイミングで「まだ上がる」と思い込んでしまい、無理して高価になった株を買っても、他に誰も買いたいと思わなくなっているので株価は上がりません。ギャンブル投資をしたい人と、「株が儲かるみたい♪」と思い込まされた人以外は、もう株の値段を上げてくれる人はそこには居ません。利回りの低い投資は、値上がりの確率も下がりますので充分ご注意ください。

大きなお金の動きを海外の政策金利で考える

更に今度は、それを日本株の取引の３分の２を占める「外資の目線」で見てみましょう。ここでは、アメリカの景気やインフレが過熱して、調整のために政策金利を上げる決定がなされたとしましょう。そしてその少し後、利率が高い国債が発行されたとします。

景気の波に乗って既に株価は高くなっていて、配当利回りも売却益利回りも下がってしまった株から、投資家たちのお金は、確実で利回りの高い国債に移ります。この動きの中で、既に日本株も値上がりしていて利回りが悪く、旨みが落ちていれば、同じく売られて株価も下落するでしょう。もしこのタイミングが円高なら外資にとって割り増しボーナス付きの日本株売却です。

大きなお金の動きを収益不動産投資で考える

今度は、不動産投資で考えてみましょう。収益不動産も金利が安いうちは、投資利回りがよいので人気が集まります。そして、不動産価格が上がり始めれば、新しく投資をする場合の家賃に対する利回りは徐々に低下していきます。

もちろん、家賃を上げればよいのですが、他より家賃が高ければ、空室の懸念や、空室を防ぐためのリノベーションなどで投資コストが増えて、利回りが低下してしまいます。

そして、景気がよくなれば、国の政策金利が上がって、連動して、新しく収益不動産を買うための借入金利が上がります。そのことで投資コストが上昇し、家賃が同じなら、利回りが下がります。美味しいところが残っているうちは問題ありませんが、投資額に対して見合うリターンが少なければ（利回りが悪くなれば）、不動産は売れなくなっていきます。

ここで不動産が高く売れるうちにと、売る人が増えたり、銀行への返済が行き詰まる人が出てくれば、不動産の値段は下落していきます。そしてまた、不動産価格が下がるか、家賃が上がるか、借入金利が下がるかして利回りがよくなれば投資が集まり始めるということの繰返しが起きます。

さて、ここまで話したほとんどのことは、「投資額に対するリターン額の割合が利回り」であり、「大きなお金は利回りに向かう」と覚えておけば、応用が効くはずです。一見、長期金利が上がると株価が下がると単純に覚えてもよさそうに思えるかもしれませんが、それでは上手く行かない場面が出てくると思います。そのためにも本章の「利回り」についてよく理解しておいてください。

そして世の中の金利や、株価の上昇や下落、海外から見た日本株の旨みなど、大きな変化がニュースになったときなどに、投資目線で利回りを考えてみてください。

株や国債利回りの変化でどちらが買われ、どちらが売られるのか具体的に考える癖を付けることで、新聞記事やＴＶの情報番組の解説を聞くよりも、あなたのほうが余程経済を理解できるようになるはずです。

もしこの章の話がややこしく何を言っているかわからないと思うなら、とりあえずは、先に進んで構いません。でも、将来「この先経済はどうなるんだろう」と思ったときにはまた、この節、『世の中の巨大マネーはここに向かう』を読み直してみてください。そうすれば投資タイミングを他人に頼って高値づかみさせられるカモになるようなことも減っていくでしょう。

4　確実に株価が上る銘柄とは

株価が上がる根拠

ここからは、かなりガッチガチに堅実な株式投資の根幹部分に入っていきます。世の中の多くの投資初心者が、「この株はこれから上がる」と思い込んで期待を胸一杯に膨らませて株を買い、夢破れて株式市場から退場していきます。何も根拠のないまま勝手にまだ上がると思って株を買ったのなら仕方がありません。なぜなら、それはただの丁半博打だからです。

「根拠がない投資」は、自分の思う方向に行く確率が低下するということに他なりません。少しでも堅実に株式投資を行いたいなら、その銘柄が値上がりする根拠が、できるだけ多く存在する状態で株を手に入れなければなりません。ここからは、今までの知識を総動員することになりますが、その中心核「配当」について考えて行きましょう。

多くの投資家は、「配当利回り何％の銘柄！」と言いながら、その配当利回りを、企業の予測や、ネット上に表示された配当額、配当利回り等を見て高配当株の期待に胸膨らませています。買う前に配当利回りが正確にわからない話は「株の本当の配当利回りは買ったときにはわからない」の節で話したとおりです。

確実に株価が上がる株とは

少し前置きが長くなりましたが、確実に株価が上がる株について話します。利回りについてわかっていれば話は案外単純です。

例えば、５００円で配当10円の株を買ったとします。利回りは配当10円÷５００円で２％ですね。何年か後、会社の業績が順調で、配当が20円になったとします。あなたの投資額は５００円でしたので、20円に対する配当利回りは、４％です。

更に何年か後、配当が40円になったらどうでしょうか？　配当利回りは８％です。

結局配当が人気と株価を決める

さてここで、多くの場合日本では、株を買うときの配当利回りが５％止まりという事実を認識いただいた上で、少し考えて欲しいことがあります。それは、前述の状況で配当を40円払ってくれる株がいつまでもあなたが買った５００円前後の株価でウロウロしているか？　ということです。

当然市場の過熱感にもよりますが、例え景気が悪いような状況でも、配当額40円が本当に貰えるなら、40円に対して５％の配当利回りを計算すると株価は配当40円÷０・０５で株価８００円です。買ったときと同じ配当利回りの２％位と仮定するなら。配当40円÷０・０２で、２０００円位までの株価も想定できます。

ここで、「配当が増えれば株価が上がるに決まっている。当然だろう」とあなたは言うかもしれませんね。確かにおっしゃる通りです。当たり前のことなのです。ですので、あなたはそういった株を探して買いなさいと言っているのです。計算は、ややこしく感じたかもしれませんが、こんな単純なことなのです。

ここまですべての話はつながっています。そして、ここで大事なもう1つポイントは、例に挙げたように、投資額に対して8％の配当をこの先も貰い続けながら、加えて、値上がりしたことで大きな含み益を持ちながら、その株を将来に渡り、高利回りの資産として保有することができるという点です。

ここで、「株は売らなきゃ儲からないじゃないか！」という方はもう少し、先の章まで我慢して読んでください。いくつかの要素がありますが、私が堅実と感じているやり方で売買でも上手くやる方法をお話しします。

5　確実に資産がたくさん貯まる投資法とは

ドルコスト平均法もよいけれど

さて、世の中にはドルコスト平均法という資産形成投資の手法があります。この方法は長期にわたり毎月など、決めた期間ごとに同じ投資金額を投じることで、相場が安いときには沢山の株を買い、高いときには少しの株を買う（しか買えない）という手法です。

株で行う場合、日本では１００株単位でしか株を買えないため、資金が少ない人には難しい面もありますが、以前から積み立て的な投資として投資信託などでもよくこの方法は使われています。

私個人は株のほうが好きですし、将来保有する株を多くして貯金代わりの資産構築投資にしたいと考えていますが、相場観が持てない人にも、ドルコスト平均法は、なかなかいい方法だと思っています。でも、折角ガッチガチに堅実な投資方法を学んでいるのですから、これをもっと上手く使う方法をお話ししましょう。

ドルコスト平均法をいいとこ取りする

何度も言いますが、明日の株価は誰にもわかりません。だからこそ、ドルコスト平均法で最終的に保有株を増やそうと考えて、多くの投資家にこの手法が使われていると思います。

ですが、本書の終わりには、長期目線で、その時その時の株価が高いか安いかくらいは、ある程度感じるようになるはずです。なので、ここでは「ドルコストよいとこ取り法」をお話しします。

考え方はとても単純です。概要は、投資資金は毎月決まった額を投資用口座に貯めていきます。

そして、相場が安いときに、意中の銘柄を買います。高くなってきたら資金を貯めておくだけにして株は買いません。ただこれだけです。

6 株価暴落で歓喜する投資家におなりなさい

株価が上がっても下がってもニヤリと喜ぶ

さて、この「いいとこ取りの方法」を使うと、株式投資をかなり冷静に行えるようになって行きます。株価が下がれば、利回りがよくなった優良資産がより多く買えて嬉しい！　株価が上がれば、安く買えた株がたくさんあって、多く株を買えた分、たくさん儲かって嬉しい！　そんな「いつも嬉しい投資家」の誕生です。

これで、あなたはドルコスト平均法を行うよりも更に多くの資産を手に入れることができるようになります。たったこれだけのことで最終的にどのくらい有利な投資になるのか見ていきましょう。

〔図表９　ドルコスト①〕

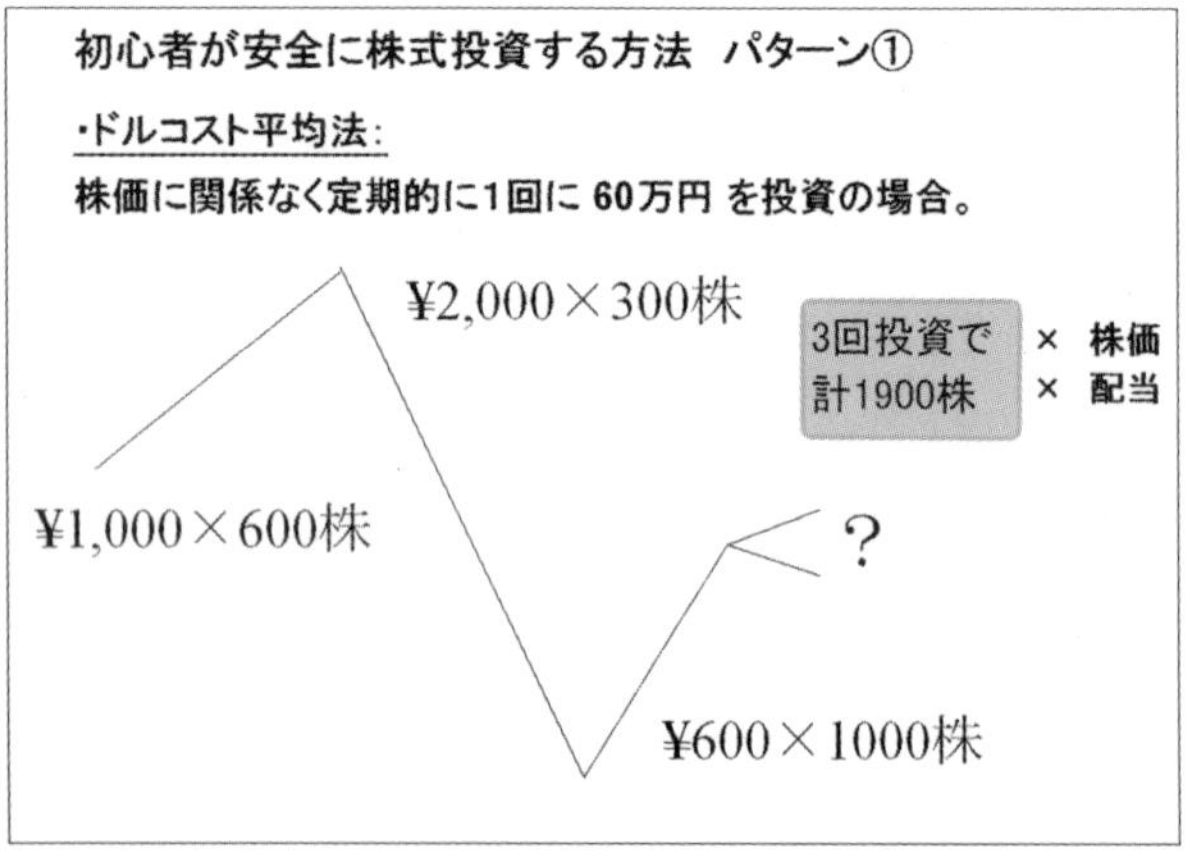
初心者が安全に株式投資する方法　パターン①
・ドルコスト平均法：
株価に関係なく定期的に1回に 60万円 を投資の場合。
¥2,000×300株
3回投資で
計1900株
×　株価
×　配当
¥1,000×600株
？
¥600×1000株

〔図表10　ドルコスト②、③〕

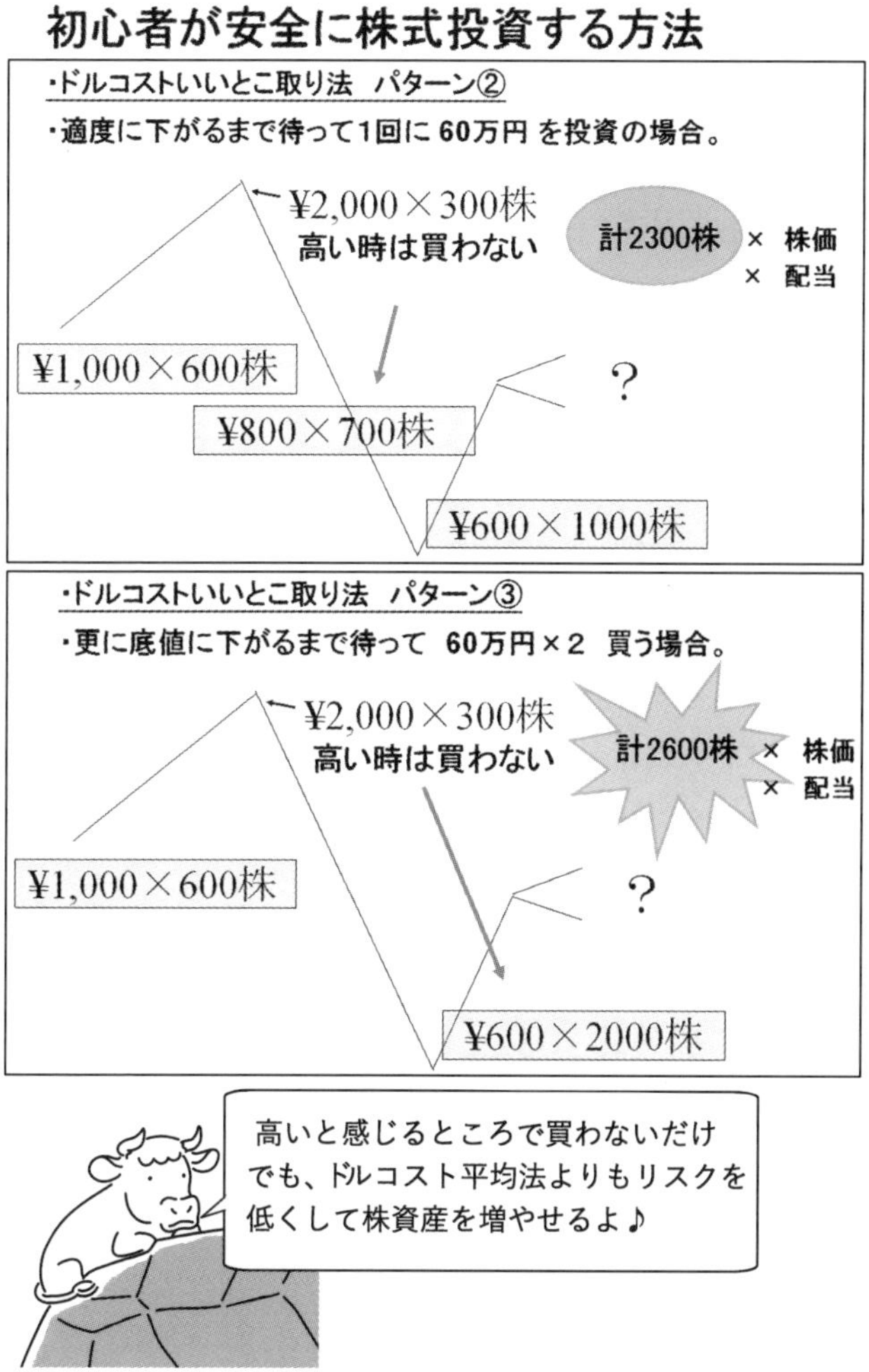
初心者が安全に株式投資する方法
・ドルコストいいとこ取り法　パターン②
・適度に下がるまで待って1回に 60万円 を投資の場合。
¥2,000×300株
高い時は買わない
計2300株
× 株価
× 配当
¥1,000×600株
?
¥800×700株
¥600×1000株
・ドルコストいいとこ取り法　パターン③
・更に底値に下がるまで待って　60万円×2　買う場合。
¥2,000×300株
高い時は買わない
計2600株
× 株価
× 配当
¥1,000×600株
?
¥600×2000株
高いと感じるところで買わないだけでも、ドルコスト平均法よりもリスクを低くして株資産を増やせるよ♪

ドルコストいいとこ取り法②

図表10のドルコストいいとこ取り法のパターン②は、一般的なドルコスト平均法①で、毎月など自分が決めた定期的なタイミングで資産を買っていたものを、高いときには買わないようにしておく。ただそれだけの選択を行う投資法です。

しかし、たったこれだけのことでもパターン①の一般的なドルコスト平均法より最終的に多くの株式を保有することができます。一見、安いときに買っているだけの方法のようですが、投資資金を毎回決まったタイミングで貯めて行くという部分が重要になってきます。

ドルコストいいとこ取り法③

次にドルコストいいとこ取り法のパターン③は、本書でこの先に解説する、できるだけ株の底値を狙って投資していく方法になります。

パターン②に比べて、さらに多くの株式を保有することができますが、あまり狙いすぎると株価が思ったところまで下がらず、狙っていた銘柄を買えないということが起きてきます。この機会損失を防ぐためには投資対象銘柄をある程度準備しておく必要があります。

また、あまり厳密に安値を追い過ぎても、株を買うことができなくなるので、株式投資に慣れないうちはパターン②、パターン③の間で投資をすることをおすすめしておきます

いいとこ取りに準備が必要な理由

さて、ここまでのドルコストいいとこ取り法をうまくやっていくためには、後の章で解説するような銘柄を投資対象として準備しておく必要があります。しかし、その銘柄は１銘柄ではなかなかうまく行きません。

沢山の銘柄に投資するという意味ではなく、そのときに複数の銘柄を候補に挙げておかないと「いいとこ取り」をするチャンスを逃す恐れがあるという意味です。

なぜなら、銘柄にはその銘柄なりの上がったり下がったりのタイミングが少なからずあります。この銘柄が下がり始めると、こちらの銘柄が上がり始めるといったようなことが実際に起きてきます。間違えないで欲しいのですが、このタイミングを狙って株トレードをすれば儲かるという話をしているのでは決してありません。

私は、この銘柄間の株価上下のタイミングについては堅実な投資につなげられるような理由づけができないため、ただの偶然くらいに考えて静観しています。

しかしながら、こういった各銘柄のサイクルや、その銘柄の持つ特異性等により、多くの株が暴落したときでも、意中の銘柄が必ず棚からボタ餅のように落ちてくるとは限りません。そのため、できるだけ多くの銘柄を把握しておき、その中のいくつかが日経平均の下落や世の中のパニック情報に踊らされて落ちてくるのを待つ必要があるのです。

ドルコスト法の注意点

ただし、何も考えずに選んだ銘柄でこの方法をとってしまうと、特定の銘柄で株価が下がる度に買うようなリスクの高いナンピン買いのようになってしまう恐れがあります。株は沢山持つことができたけれど、気がついたら株価がどんどん下がってしまい、株価が上がらないままいつの間にか資産が減ってしまったといった悲惨なことになりますので、買う銘柄の選択に充分注意が必要です。必ず後述する銘柄の選び方や買うタイミングについても理解して、このドルコストいいとこ取り法パターン②パターン③を使うようにしてください。

そして、株式投資と言えば、世間が想像しているような一攫千金を狙うトレード投資家のように思われがちですが、これからはもう、「上がったぁ嬉しい。下がった悔しい。損切りだ！」と日々大騒ぎするような、投資と名の付いたギャンブルをするのではなく、このドルコストいいとこ取り法のパターン②③で、あなたが汗水たらして手にした大切なお金や、一度しかない人生の大切な時間を有効に使い、気長に堅実な資産投資を行って、着実にお金の安心を積み上げて行きましょう。

そして、あなたも株の神様W・バフェット氏のように、株価暴落を笑顔で大歓迎できる投資家になりましょう。そのための銘柄の選択や、相場観については、これからお話ししていきます。

◇コラム／株価チャートの基本形

実は、株価の動きは図表11のような、ある一定の動きをすることが一般的に知られています。必ずこの形を描くかと言われると、絶対とは言い切れないのですが、このひと固まりの価格推移は、分単位の株価の推移でも時間単位の株価の推移でも日にち単位や週単位でも、概ねこのような形をたどると言われています。

例えば、分単位のこの山と谷の集まりでできた図表11のような株価チャートがたくさん集まって1時間や1日単位の株価の動きを形成していきます。

もちろん6か月単位などで株価を見たときには、1分や1時間の株価の上下で描かれたこの形は、6か月株価チャートの中では、ほんの小さな1点でしかありません。

また、図の端にも「?」が記載してありますが、この株価の形を描いた後、どれだけ上昇しながらまたこの形の一部をつくるのか、どれだけ下落しながらまたこの形の一部をつくるのか、それは誰にもわかりません。しかし市場参加者の総意としてなぜかコレっぽい形を描くのです。

この図は「グランビルの法則」と言われる株やFX等のトレード手法の中に出てくる価格チャートの形なのですが、株価チャートの基本の形としてだけ覚えておいてください。

この法則を使ってギャンブル的なトレードをするために紹介したのではありません。お間違いなきようにお願いいたします。

〔図表11　株価チャートの基本の形〕

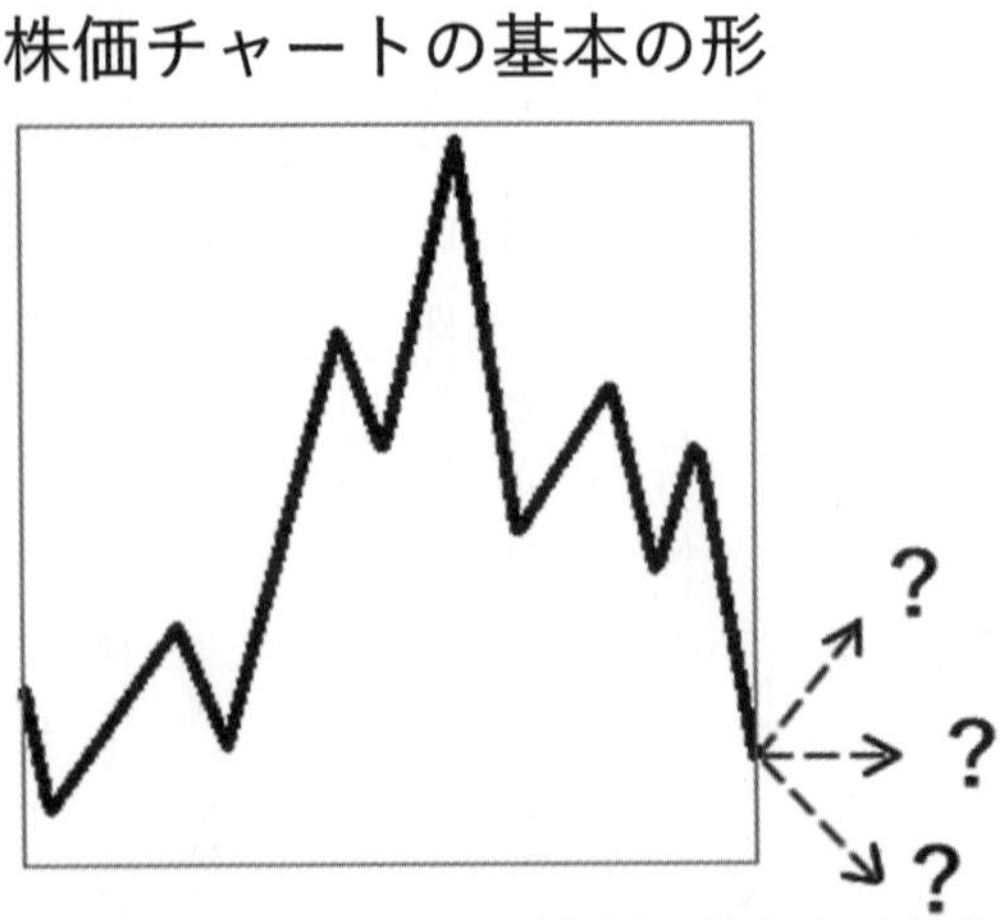
株価チャートの基本の形
?
?
?

※有名なグランビルの法則に使われる株価の型。この短期株価チャート型の集合体が長期株価のチャートを作り、やはり上記のような型を形成して行く。

この株価の上下動を基本形として覚えておくと、上昇した株は必ず下落すると思えるかな。
ギャンブルトレードをしなくてもこの基本の形は覚えておいて損はないよ。

第4章　知らなきゃ一生博打のまま！
ガッチガチ堅実なタイミングと売買判断

1　儲かるのが当たり前のところで儲けなさい

株で損する理由はたった1つ

あなたに、また質問です。投資で損するのはどんなときでしょうか？　すぐに答えは出ましたか？　儲けてやるぞと欲に駆られていると案外気が付かないようですが、実は極めて単純な話です。

答えは「買ったときより安くなってしまったから」です。ふざけるな！　と怒られるかもしれませんが、原因は他に存在しません。現在の利回りがよかろうが、高配当株であろうが、はたまた低位株（安く買える株）や、ＰＢＲ１以下株、バリュー銘柄投資や、S&P500、なんであろうが、安いときに買わなければあなたの投資した大切なお金が減る確率が高くなることを忘れないでください。現物株式資産投資で損する理由はたった1つです。

しっかり学びを深め、「買ったときより安い価格で売らねばならない状況」を自らつくってしまわないように注意してください。

高いときに買ったら投資の世界で損するのは当たり前です。「でも、いくらなら高いか安いかなんてわからない」という方に、大きな損失を防ぐ助けとなる判断材料をこれからお話ししていきます。

儲けやすいところで勝負なさい

株の売買をするとき、利益に直結するのは、どんな銘柄に投資するか以前に、いつ買うかがとても重要になってきます。

実は、有名トレーダーや、堅実運用で知られる投信ですら、いつでもお金を増やし続けているわけではありません。

大きく儲けているのは底値圏から高値圏に入るくらいまでの期間です。つまり、投資のプロたちも大きく儲かるところ、儲けやすいところで確実に資産を膨らましているのです。

そして彼等も、株価が上りきったところでは利益を減らしています。これは、株を運用する投資信託の運用成績を日経平均等と比較すればわかることです。

この先は本章の肝となってきますが、あなたにも、同じように有名トレーダーやファンドが大きく儲けている「誰でも儲かるタイミング」を待って投資して欲しいと思います。

「儲かった情報」と「儲かる情報」

多くのにわか投資家は、先に述べた上昇期間の後半で、メディアが流す「株で儲かった」とか「ファンドが大きく伸びた」といった情報に触れたり、投資商品の営業トークに乗せられてしまい、すでに株価が上がってしまって美味しいところがなくなりつつあるタイミングで「まだ上がる！」と信じ込んで、高値掴みをしてしまい、他人の利益にのみ貢献してしまいます。そして彼らに「ご馳走様」と感謝されながら株式市場から退場していくのです。これらの損に向かって自ら突っ込んでいく構造は2章で話した通りです。

残念ながら「儲かった情報」はあなたの耳に届きやすいのですが、「儲かる情報」は自分で掴み取るしかありません。

そして、あなたにトレーダーや堅実ファンドが大きく儲けるのと同じ場所、すなわち、景気のどん底で株を買い付けて欲しいのです。そのために、ドルコストよいとこ取り法もお話ししました。あなたが経験を積み、投資判断の基準を自分の考えで持てるようになるまでは、お金を貯めておき、「儲けやすいところで買う」という当たり前のことを確実に守ってください。経験が浅ければ浅い程、安全のためにこれを守って欲しいと思います。

2　すべてのお金があなたに味方してくれるタイミングで投資しなさい

儲けやすいタイミングで起きること

では具体的に、儲けやすいタイミングはいつなのか？　一言で言うなら、それはやはり「経済のどん底」です。その目安としては、次のようなものがありますので参考になさってください。

・そのときには、世の中は不景気だと騒がれています。
・そのときには、過去に起こったパニック相場と同じように株価が大暴落を起こしています。
・そのときには、メディアが、あなたの投資意欲を削ぐような景気の悪い報道で溢れています。
・そのときには、あなたのお給料が減ったり、失業率が上がったりしているかもしれません。
その後、
・金融緩和や、金利引き下げが行われます。
・政府が経済対策を行い、企業や国民に多額のお金を投入し始めます。
あなたが、個別銘柄の株価が高いとか安いとかの判断ができないうちは、ギャンブルに巻き込まれないようにこのタイミングを待つのが得策です。

そして、いわゆる不景気の中で、後述するタイプの株を買って欲しいのです。なぜなら、このタイミングでは前章で話した、世の中の巨大マネーが利回りに向かうからです。

株や不動産価格の暴落で、どん底まで取引価格が落ちたとき、様々な投資対象は利回りが高くなり、そこへ向かって大きなお金が集まり始め、あなたを儲けさせてくれます。

★すべての投資家があなたを儲けさせてくれるタイミング

さて、このどん底のタイミングでは、暴落を喜ぶ資産投資家たちが買いに集まって来ます。投資

〔図表12　投資タイミング〕

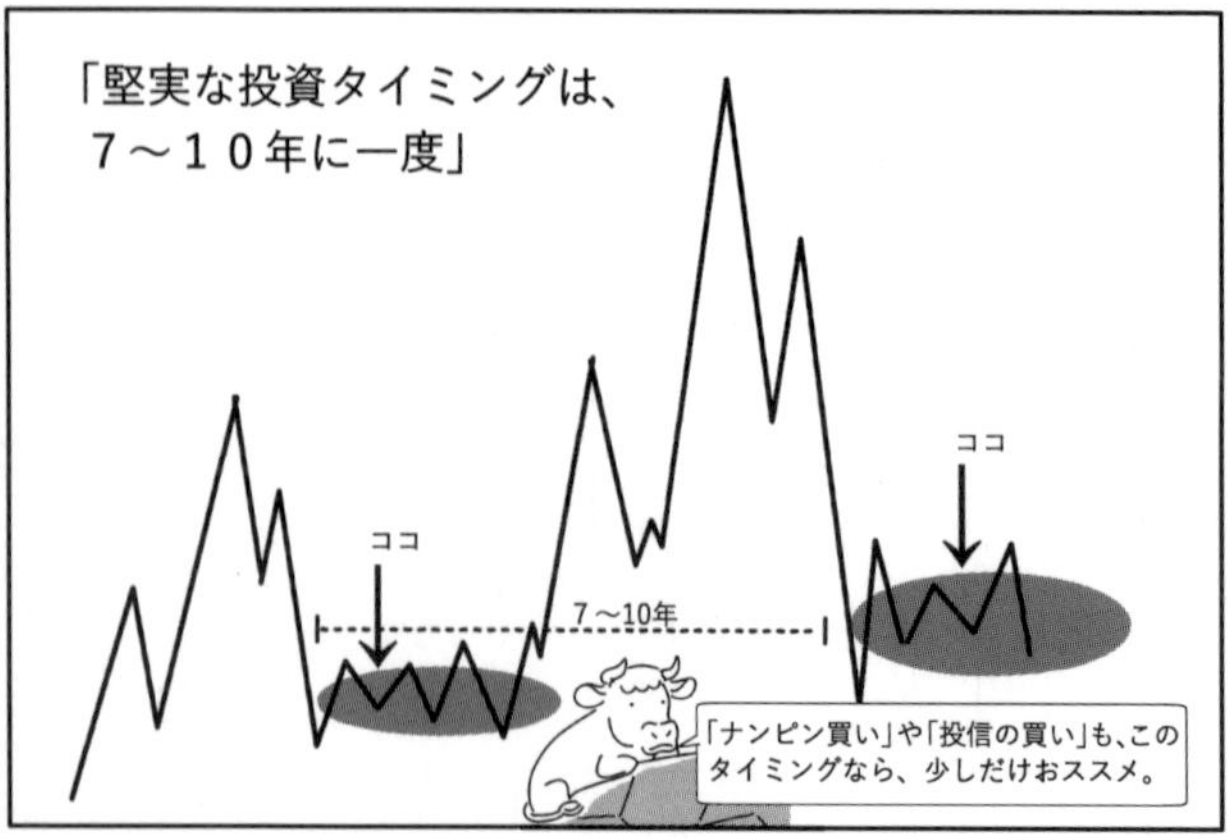
「堅実な投資タイミングは、
７～１０年に一度」
ココ
ココ
7～10年
「ナンピン買い」や「投信の買い」も、このタイミングなら、少しだけおススメ。

ファンドも、トレーダーも、銀行も、保険業もみーんな、あなたが買った株の値段を上げに寄って来てくれるのです。

ここでは、政府まで株価上昇のために政策金利を下げてビジネスの利回りが高くなるようにしてくれたり、何千億円、何兆円という莫大なお金を注ぎ込んで働く場を国民に提供し企業の不景気脱出や成長に協力してくれます。

あなたはこのタイミングで「ご馳走さま」と言いながら、それまで貯めた投資用資金を使って、予定していた銘柄を安値で手に入れておけばいいのです。

そのうちに経済が立ち直りを見せ始めるタイミングで、メディアや情報誌が株価高騰を騒ぎ出し、あなたに協力してくれます。それに乗せられた素人投資家や日々稼がねばならないファンドマネージャー、一般トレーダー、ＡＩが血みどろの売買合戦を繰り広げながら株価を上げていってくれるのを、あなたは、含み益を持ちながら笑顔で眺め、じりじり上がる株価の中、ここでもまた「ご馳走さま」と言って株を売ることができるのです。

これらの場所には、あなたが買った銘柄の株価を上げてくれる投資家たちで溢れ返っています。そして、前にお話しした「株価が下がっても上がっても嬉しい株式投資家」にまた一歩近づいていくわけです。

毎日トレードをしてギャンブルをしなくても、何年も待つ価値がある投資方法だと私は考えているのですが、いかがでしょうか？

投資信託を買うならこの時期だけ

また、この短期間の局面だけは、期待した銘柄を買いそびれてしまったり、自分で個別銘柄の投資判断に自信が持てなかったりするのであれば、投資信託も少しなら買ってもいいかもしれません。その投資信託の投資先が利回りのよい投資対象であれば、価格の伸びもそれなりに期待が持てます。

また、それが値上がりしたら一旦売って何か他のチャンスのために手持ち資金を確保しておくのも上策だと思います。値上がりが済んでしまった投信を持っていても、資金はそれまで程膨張せず、手数料が減っていきます。最初にお話ししたように資産形成のために投資を行うのであれば多少値上がりが期待できても、私は投信より資産としての株保有をおすすめしたいと考えています。

ナンピン買いもこの時期だけ

それから、このタイミングだけはナンピン買い（株価が更に下がったときに買い増すこと）をしてもいいと思います。ただし、勉強が進み堅実銘柄の判定ができる前提で、10年単位の長期投資を視野に行ってください。

少し下がったくらいで買い足していては万が一の時傷が深くなりますし、短期の株価の上下で右往左往するようならナンピン買いで株を増やすのは控えたほうがよいでしょう。本書で私がしている話は、すべて20年、30年の長期目線で資産構築をするための投資戦略として話しています。

少しわかってきたと思うのですが、逆にこの場面以外での投資信託買いやナンピン買いはギャンブルです。個別銘柄の割安割高や、投資目線の財務分析ができないうちは余程資金に余裕のある場合を除いて私は決しておすすめしません。

本当のチャンスは人生であと何回？

ちなみに、経済の流れの中で、このように金融政策までが動くような本当の景気後退の投資チャンスは7年とか10年くらいのかなり長いサイクルでしか回って来ません。

つまり死ぬまでに5、6回といったところでしょうか。このことが書かれた書籍等もありますが、30代そこそこまでの若い人や、これまでの投資経験が短い人には、今まで実践の中で経験する機会もなく、なかなか実感が湧かない部分かもしれません。

また、道徳的に少し気が引けるのですが、震災などのパニック時にも間違いなく株価が暴落する局面があります。もちろん、そこにも小さな投資チャンスは存在します。

さて、あなたが生きている間には後何回こんな千載一遇の機会がやって来るでしょうか。もしも、あなたが既に高齢の部類に入っているのなら、子どもたちに投資教育をした上で、そのままこの方法を引き継ぎ、次の世代に長期資産投資の続きをしてもらうのもありだと私は考えています。むしろ、若い世代のためにも、そうして欲しいと、この頃では思います。

さて、次はどんな売り方をすれば、さらに効率よく、そして心穏やかな状態で最初に示した図表1のように投資資産を増やすことができるのかをお話ししていきます。

3 老練投資家にはフツーです。99％の人が知らないタダで株と安心を手にする方法

株をタダで手に入れる

株のことを教えていると「この株、売ったほうがいいですか？」こんな質問をよく受けます。もちろん値上がりしていれば売れば儲かるのですが「まだ上がるかもしれない」とか「また下がって

しまうかも」と不安になるのでしょう。もちろん、私もそう感じる一人です。

そんなとき、私の場合はガッチガチ堅実で安全に、そして気楽に安心して資産投資をするために単純な基準を持っています。

それは、買った株がタダにできるところで一旦売ってしまうという考え方です。簡単に言えば、1000円で買った株が2000円になったら一旦売るのです。単純ですが、この方法は「安全に堅実な株式資産を持つ」という本書の目的にピッタリ合致しています。

★老練投資家たちが普通にやっている安全投資の方法

ここからはその具体的な解説をしていきます。例えば選び抜いたよい銘柄を1000円で4単位、400株買ってください。かかった金額は40万円です。

そして株価が倍になったところで半分売るのです。2000円で200株売ると40万円が手に入ります。手元には残りの200株と最初に投入した40万円が残ります。

つまり残った200株はタダで手に入れたと同じになることをご理解いただけると思います。お気づきだと思いますが、そのためには、ここで大切な条件として同じ銘柄を複数単位買っておくことが必要になります。話がわかりやすいように、税や手数料は省略しています。

この方法であなたは再投資用の資金を手にしながら、残した株から配当を貰い続け、安心の土台

〔図表13　倍売り〕

として1つのキャッシュ製造マシンをタダで手に入れたのです。もちろん、株主優待も貰えます。

すごく単純な話なのですが、短期間にトレードで現金を増やそうと血眼になっているとなかなか気が付かない人のほうが多いようです。経験の浅い人はこの話を聞いて、なるほど！と唸る方がほとんどですが、私の知人は普通にやっています。

ここで可能であれば、色々な個別銘柄の株価チャートを10年日足（10年間の1日ごとの株価）くらいで見てください。株価が倍付近になったところで一旦下落が見られる銘柄が案外たくさんあることがわかると思います。誰も言わないだけのことです。

安全で心穏やかに投資を行う

ところで、株で大きく資産を増やしたいのであれば、このタダで手に入れた40万円を元手にすぐにまた儲け

〔図表14　株をタダで保有するには〕

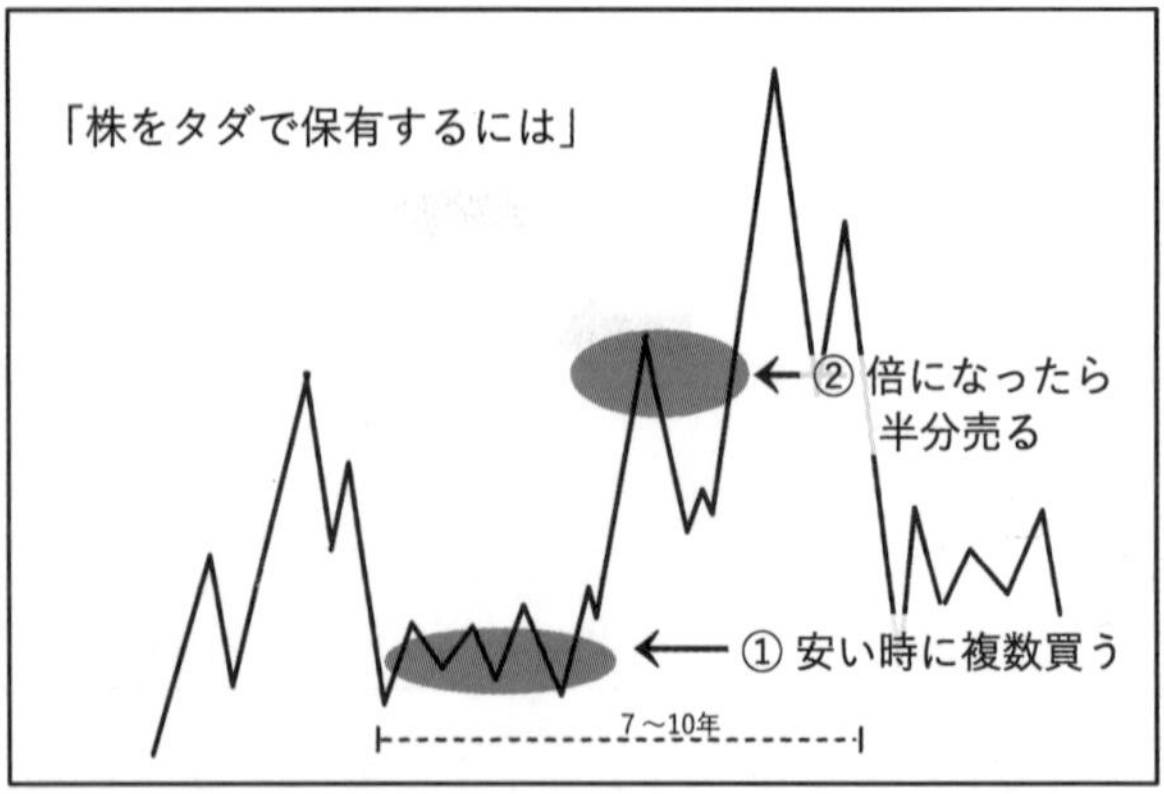
「株をタダで保有するには」
② 倍になったら
半分売る
① 安い時に複数買う
7～10年

必須条件

★　倍になるような値幅のある銘柄を選ぶこと。
★　同一銘柄を複数買うこと。
★　長期保有に適した銘柄を選ぶこと。

最低でも２００株、できれば４００株以上買っておくとイイよ♪　タダで手に入れた株なら、余程の下落時でも冷静に見ていられるよね。成功率を上げるために、この後の銘柄選択方法まで、しっかり勉強してね。

ようなどと思わないでください。

あなたが大きな儲けを確定したときには他の銘柄も既に高値圏である確率が高く、調子に乗ってすぐに株を買うと、今度は下落リスクを覚悟しなければならなくなります。

また、欲をかいて全部売ってしまうと、次の株価暴落から上昇局面の投資チャンスまでの数年間、折角タダで手に入れた株から貰えるはずだった配当利益や優待を放棄してしまうことになります。それに何よりまだまだ株価も上がるかもしれません（笑）。

もしも、半分売った後に、たとえ株価が下がっても、実質タダで持っている株ですし、更に株が上がったならその後に売ってもよいでしょう。そのほうがもっと儲かります。半分残しておけば「こんなに値上がりするなら売るんじゃなかった」と悔しがることもありません。

また、これ以上株価は下がらないだろうと思えるポイントの見当がつくようになってくれば、配当を何年貰えればいくらぐらいまで下がっても穴は埋まるから気にせず持っていよう、といったような考え方をして、底値付近の買い物をするのも賢い考え方の1つだと思います。ただし、最低でも2単位200株以上買ってくださいね。これは堅実株式資産投資術の必須条件です。

理想的に資産を積み重ねる戦略とは

ここで最初に見た、株を使ったお金の増え方のグラフ図表1を再度見て欲しいと思います。貯金代わりにお金を貯めながら7年間に選んだ銘柄が少し控えめに1・4倍になる程度で半分売ることを繰り返すと、このカーブを描くように書いてあります。

毎日パソコンの前に座ってトレードで一進一退を繰り返さなくても、これまで話した大きな流れの中で、安いときは買い、高くなったら売るべき銘柄は売る。

そして、そのための資金として20歳なら毎月2万円、30歳なら3万円を可能ならばそれ以上の額をこの半分売ってできた軍資金にプラスして貯めていって欲しいのです。

もちろんそれより金額が多くなるなら最高です。そして次のチャンスでは、もっと大きな軍資金をつぎ込み、同じことを繰り返しながら、配当を生む株式資産を、タダやタダ同然で手に入れていくという戦略をおすすめします。投資を繰り返す中であなたの資産が大きくなってくれば、株以外の利回りのよい他の資産投資への転換も考えていいと思います。

軍資金が多いと株が早くタダで手に入る

ここで、「そんな簡単に株価が倍になるかよ！」と文句が聞こえてきそうなので、もう少し突っ込んで話してみましょう。今までの話は、まだまだ軍資金が少ない方や、株の勉強が進んでいない方へのお話です。

では、もしあなたが資金豊富なら、こんな方法はいかがでしょうか。まず、軍資金100万円で

１０００円の株を１０００株買ってみてください。その後８００株が１００万円で売れる株価はいくらでしょうか？　単純計算なら１２５０円になります（実際は１３１３円税込）。これで先ほどと同じくタダの２００株とすべての投資額が手元に戻って来ます。これくらいの値幅を稼げる銘柄は株式市場にはザラにありますす。もう文句はありませんよね（笑）。

また、先ほど半分残すという部分ですが、例えば最初に４００株ではなく８００株買っていれば、半分残した株がさらに何倍も値上がりしたときにも、少し売るだけで大きな売却益を得ることができます。銘柄や購入タイミングに左右されますが、資金に余裕があれば半分売らず、すべて保有し続けても問題ないでしょうし、お遊び銘柄を買うのもありでしょう。色々な面で軍資金がたくさんあれば有利な作戦が取れることは、間違いありません。

この株をタダ化するための売却価格を税込でシミュレーションするエクセルファイルを巻末記載のＵＲＬよりプレゼントしていますのでダウンロードして色々試してみてください。

◇コラム／あなたの堅実投資が将来の日本と子どもたちを救う

実はこの「タダにして株を半分保有する」という方法に、私は1つの期待を持っています。どんな期待かと言うと、この方法で手に入れた優良銘柄を日本人にできるだけ大量に、そしてできるだけ長い期間持ち続けてみんなで豊かになって欲しいという期待です。

この20年程の間に、日本の優良企業の株が外国資本に大量に持たれるようになりました。同時に、外資の大株主やその意思を代行するために送り込まれた経営者が目立つようにもなってきました。中には利益以上に高配当を払い続け、その会社の純資産を減らす方向に動いたり、その会社が持つ特殊な技術を切り売りしてしまうようなことも起きています。

そんな中、政府が法人税を減らしたことで、日本企業には、以前より多くのお金が残るようになりました。私は法人税の減税自体をとやかく言うつもりはありませんが、本来政府は国民の労働や経済活動の中で循環したお金を最終的に沢山稼いだ会社から税金を取り、国民に分配せねばなりません。

しかし法人税の減税により、会社に以前より多く残るようになった利益は、経営の采配によっては配当の増額に回され、中でも外国資本が多くの株を持つ会社の場合には、配当として、以前よりもたくさんのお金を海外に持ち出すことができる結果になりました。

それはつまり、日本企業で、日本人社員が必死で働き、日本の消費者が各自働いて得たお金で、その会社の商品を買い、そのことで生まれた会社の利益を、配当という形で海外に持っていかれてしまい、日本人がその恩恵を受けられないということに他なりません。考えようによっては、現代版の植民地のようです。

本書を読んでいる皆さんにお願いしたいのですが、日本には、この暗黒の30年を乗り越えて来た勤勉で優秀な社員を抱える超優良企業が山ほどあります。是非日本人には、多くの投資家がビビるような株価大暴落のとき、外資に負けず株を買って欲しいのです。更に、タダ同然化した株を保有することで、株価の上下に騒ぐ必要がなくなった優良株を、できるだけ多く、そして長く保有して欲しいのです。

それは、あなたがその配当を受け取り、自分が潤うのと同時に、そのお金を使うことで、日本経済全体の循環と、日本企業存続の手助けにもなります。世の中には株式投資を色眼鏡で見る方もありますが、自分たちの国を健全に維持していくためにも、堂々と株で資産を持ち、将来の子どもたちのためにも、この国の基盤となる勤勉で豊かな社会を盛り上げて欲しいと心から思っています。

4　安全に株で資産構築するための売買方法

安全に株式資産投資を行うための最低条件

さて、ここまで話したような手法を現実化するために、よくありがちな銘柄選びに対して注意を促しておきます。一番は、赤の他人に「この銘柄が儲かるよ」と聞いて、同じタイミングでその銘柄を買うようなことをしても、多分上手くは行かないということです。

なぜなら、他人から儲かると聞いた銘柄は、既に値上がり後であるか、情報を聞いたタイミングで値動きがないようなら、それは、まだ株価が上がっていないのではなく、実は誰も買わないような銘柄であるリスクが考えられるからです。たとえ、銘柄の紹介を受けても、銘柄選びにはこの先お話しするような項目の分析力と、自分の見識をもって投資判断を行うべきです。

そして何よりも、早くたくさんのお金を手にしたいと欲をかき過ぎて、タイミングを考えずに短期で儲けようとしないことです。軍資金があるなら尚更、虎視眈々と長い目でタイミングを待ち、よい銘柄を選んで気長に待つほうが、あなたのリターンは最終的に大きくなると思います。それに、金銭面でも精神衛面でも他人の選んだ銘柄への投資や、短期のトレードを行うより安全です。

そして、ここまで話したような手法を現実化するためには、よい銘柄を自分で探し選ぶことが必須です。もちろん、その銘柄を不景気で株価が下落したタイミングで複数単位買うことも必須です。

処分する株と保有継続する株

ここで少し現実的な部分もお話ししておきたいと思います。どん底付近で株価が上がったり下がったりする中で株を保有できたとしましょう。数か月経つと、本当に安く買えた銘柄と、値上がり始めたところで飛び乗って買ってしまった銘柄がハッキリわかって来ると思います。

勿論、今まで話した半分売りまでゆっくり待つのも有効です。ですが、底値に近いところで買えなかった銘柄は、その分利益幅が小さく、同時に小さな下落で含み損を抱えるリスクも高くなります。そして倍の株価まで行けなかったり、倍になるまで時間が必要だったりします。

資金に大幅な余裕があれば、何年も待つことはさほど問題はないようにも思います。しかし、そうでなければ、そこそこ値上がりしたところで買ってしまった株で、色々な意味で愛着を感じられない銘柄は一旦全部売ってしまうことも考えに入れておいてください。

そして、どん底で買えたことがわかった株は、半分くらい残して保有しておく、といった感じを基本形と考えてください。もちろん、株を買うときには、あなたが「永遠にでも持っておきたい株」「この価格で買ったなら一生持っておきたい株」を買うのが基本です。

株価が高いときにやるべきこと

さて、株価が高いときには、そこで血みどろの戦いに参戦しないと決め込んでおき、高くなった株を売る以外にもやるべきことがあります。それは、株価が高くて手出しできないときには、次に投資すべき銘柄を普段から探しておくことです。

ここまで話して来たような長期資産投資であれば、この期間は余裕で時間もたっぷりあるはずです。株価が上がるのは数か月、何年と掛かりますが、株価の暴落は一瞬です。そのときに「おぉー下がって来たぁ！　ラッキー！」と歓喜できるような銘柄を、この間にできるだけたくさん候補として探しておくのです。

そうしておかないと、狙う銘柄が少なくて、他の株が暴落しても狙った銘柄は大して株価が下がってこないとか、他の銘柄見ているうちに狙っていた銘柄を買いそびれた。なんてことが実際に起きてきます。

そんな悔しい思いをしないためにも、株価が高くて、とても買えないようなときにこそ、既に手に入れた含み益を持った保有株にニヤケながら、次に備えた銘柄探しをしておきましょう。他の人がみんな「株だ株だ」と大騒ぎしているときは、あなたは、ゆっくりしていればいいのです。

昔から言われる投資格言「休むも相場」を決め込んで次を待つのは安全策としても上策です。

株価が安いときにやるべきこと

反対に、株価が安いときにやるべきことは、言うまでもなく、高値のときに見つけておいた堅実な銘柄の株価下落チェックと、納得のいく安値まで待ってその銘柄を購入することです。

その他にも、株価が安いときには、人や、状況によっては、やっておくとよいことがあります。それは株の贈与を行っておくことです。

神に召される前に贈与する

少しブラックな冗談話とお断りした上で、本書は「孫の代まで役に立つ話をする」との約束ですので少し踏み込みます。

あなたが本書を読んで後、長い月日が流れ、「株価が上がろうが下がろうが嬉しい」という心持で、人生の安心の土台の上に暮らし、少し小金持ちになり、笑顔で穏やかに老後を楽しんでいたある日、神様から、「そろそろこっちへおいで」とお誘いを受けてしまいました。抵抗はしたものの断り切れなかったとしましょう。

もしこのとき、神様の気まぐれで、景気もよくて株価も高い水準にあったとしたら、その分、相続税は高くなります。残された家族はたくさん相続税を納めなくてはなりません。下手をすると、相続税を払う頃に株価が下落を始めて、株をよりたくさん売る必要が出てくるかもしれません。

反対に、株価がどん底のときに神に召されると、相続税は少なくなります。上手く行けば、相続税を払う頃には株価が上がっていて、残された家族は鼻唄交じりで、値上がりした株を売って少な目の相続税を払えてしまいます。

持っている銘柄や保有株数は変わらなくても、天寿を全うしたタイミングにより家族に残してあげたい資産に差が出てしまうわけです。でも、神様の都合に合わせて色々心配するよりも、株価が安いときに、あなたの大切な人たちに贈与を行っておくというのも、1つの策です。

投資を行うときには、税金などのことを含め、最期にどうするかといった出口策も考えておくことをおすすめしておきます。税制は常に変化しますので、税理士さんにその都度ご相談ください。

★海外旅行に行くつもりで投資する

さて、ここまで話した「よいタイミング」つまり不景気の中で投資を行うためには、不景気の時に投資用の資金を持っていなければなりません。そのためには、普段から「投資のためと決めた資金」を貯めておくことが必須です。それが本書の最初に見た図表1の「毎月2万円、3万円」といった定期的に資金を投資に回していくやり方に他なりません。

しかし、どんなに上手くやったと思っても、投資に絶対はありません。得することもあれば損することもあります。そのため、いざ投資を行うとき、私は、次の考え方と方法をすすめています。

それは「海外旅行に行くつもりのお金」と考えて鼻唄を歌いながら毎月積み立てを行いながら投資資金を蓄えておき、機会が来たらそのお金で厳選しておいた銘柄を買うのです。

そして、万が一、買った株で損したときには、「海外旅行に行って思い出だけが残った」と諦めて欲しいのです。

なぜなら、そうして諦められる状態にしておかないと、株価の上下で不安になったり、本当か嘘かもわからない情報に踊らされてお金が減ることに恐怖を覚えてしまい、長期間待つことに耐え切れなくなってしまうのです。そして、少し株価が上がっただけで株を売ってしまったり、少しの株価下落で損が大きくなるかもしれない不安に駆られて慌てて株を売ってしまうなど、長期の資産形成を目的としているのにもかかわらず、やっていることが短期トレードと変わらない結果を招くことになってしまうのです。したがって、減って困るような生活に関わるお金や借金をして株式投資を行うようなことは絶対に止めて欲しいのです。

折角安心を得るための資産投資を解説しているのです。逆に不安でいっぱいになってしまって、自分の思いと違うことに怒りすら湧いてくるようなギャンブル投資にしてはいけません。

残念ですが、一旦投資を行ったら、そのお金が減ろうが増えようが、誰も責任はとってくれません。儲かったらその利益はあなたのものなのですから、損をしても自分の腹が痛むことは覚悟しなければなりません。投資とは字の如く、お金を一旦投げてしまうことなのです。「諦めのつけられるお金」で投資を行うことは、必須であり、絶対の条件です。

少し厳しい言い方になってしまいましたが、実は「諦めのつくお金」で一般的な株式投資を行うのであれば、株はギャンブルのように賭けたお金がすべてなくなるようなことは滅多にありません。投資した銘柄の会社がつぶれてしまうようなことでも起きなければ、短期間の株価暴落に対してであっても、日本の株式市場であればストップ安という制度もあります。図表15の制限値幅を越えて株価が上下しないように、株価の急激な大幅下落にストップがかかるようにできています。したがって、ギャンブル的なトレードをしたり、高値掴みをしていなければ、それなりの減価で済み、よい銘柄を持っているのであれば、いずれ株価の値戻りも期待ができます。「今回は海外旅行でお金が減った」と考え、本当の旅行は将来手に入る配当や売却益で楽しんではどうでしょうか。

〔図表15　値幅制限〕

制限値幅表

基準値段		制限値幅
100円未満		30円
100円以上	200円未満	50円
200円以上	500円未満	80円
500円以上	700円未満	100円
700円以上	1,000円未満	150円
1,000円以上	1,500円未満	300円
1,500円以上	2,000円未満	400円
2,000円以上	3,000円未満	500円
3,000円以上	5,000円未満	700円
5,000円以上	7,000円未満	1,000円
7,000円以上	10,000円未満	1,500円
10,000円以上	15,000円未満	3,000円
100,000円以上	150,000円未満	30,000円
10,000,000円以上	15,000,000円未満	3,000,000円
15,000,000円以上	20,000,000円未満	4,000,000円
20,000,000円以上	30,000,000円未満	5,000,000円
30,000,000円以上	50,000,000円未満	7,000,000円
50,000,000円以上		10,000,000円

例：前日の終値2,200円の株が、1,700円になるとストップ安
同じ株が連続下落すると翌日は、1,300円でストップ安
更に下落が続くと、制限値幅は４倍になり、100円がストップ安

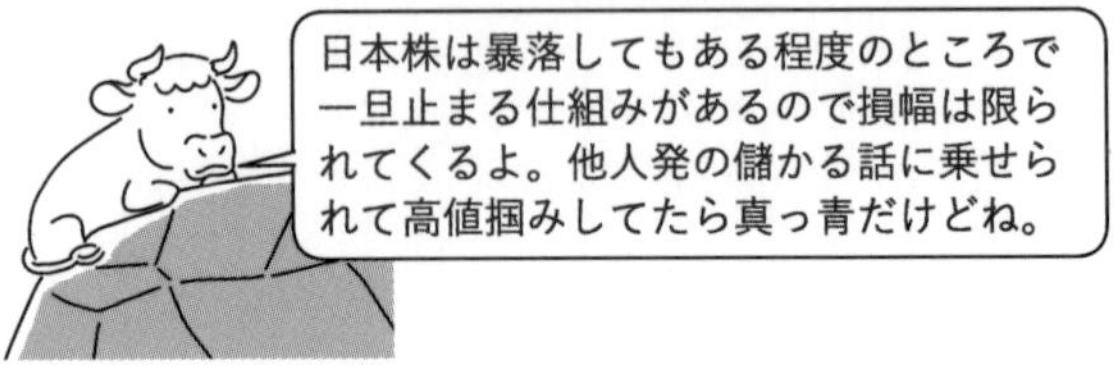
日本株は暴落してもある程度のところで一旦止まる仕組みがあるので損幅は限られてくるよ。他人発の儲かる話に乗せられて高値掴みしてたら真っ青だけどね。

第5章

では、どんな株を選べばいいの？
ガッチガチ堅実な銘柄選択条件

1　もっともらしい理由で株を買うリスク

あなたが銘柄を選ぶ根拠は大丈夫？

前にも少し触れましたが、あなたが株に投資する場合、買う銘柄について、きちんと根拠を持って行う必要があります。それがなければ、万が一のとき株価が何分の一かに大暴落するようなリスクを背負いながら、株価の上下に怯えながら投資を続けねばなりません。

この章では、このあなたが買うに値する銘柄にどのくらい根拠を積み上げられる材料があるのかを、ガッチガチに堅実な投資目線で解説していきます。もし既に株式投資を行っているのなら、その銘柄には儲かりそうな根拠があるかどうか照らし合わせてみてください。

堅実な投資銘柄を選ぶために

まずは、長期の株式資産投資を行う上で、短期のトレーダーさんたちに「ご馳走さま」と言われないように、銘柄を選ぶ際の注意事項から話しておきます。

なお、途中で細かい説明内容を理解できず頭が混乱するようなら、この節に限って「もっともらしい理由に乗るな」の手前までサラッと読み流していただき、現時点では、結論だけを覚えておくような状態でも結構です。もちろん、理解できるまで熟読いただければ最高に嬉しいです。

リスクが高すぎる財務指標ＰＥＲ・ＲＯＥ

株式投資を行い、どの銘柄に投資しようかと銘柄探しをするとき、ＰＥＲ（株価収益率PriceEarningsRatio）やＲＯＥ（自己資本利益率ReturnOnEquity）等の財務指標を見て、この数値を越えていれば割安だというような意見を目にすることがあります。

ＲＯＥについては、Ｗ・バフェット氏の投資手法について書かれた書籍などに出てくることもあって、投資対象としての銘柄を選ぶ際の目安として使う方も多いように感じています。かなり以前ですが、私も同じようなことをしていた時期がありました。もちろん、それでうまく行った場合もありますが、前述のようによいタイミングで買ったことが原因であるように感じます。

以下は私の個人的な見解ですが、「バフェット氏が選んで上手く行った銘柄のＲＯＥは高かった」のであり、「ＲＯＥがあるレベルを超えた銘柄を買えば儲かるという話ではない」ということです。基本的なことですが、業績がよい会社の株を買うだけで儲かるのなら、だれも苦労はしません。

財務指標ＲＯＥが高い会社は投資対象として悪くはありません。しかし、近年では会社が自らの価値を棄損してまでＲＯＥを高く見せようとする動きまで見られるような指標だと認識が必要です。間違えてはいけないことは、ＲＯＥのような財務指標だけを見て、「儲かる」と思い株を買う行為がリスクの非常に高い投資になるということです。

では、なぜROEをあてにして銘柄を選ぶことに無理があるのか少し深掘りしてお話しします。

ROEとは、一年の税引後の純利益をその会社の自己資本で割ったものです。株式の発行で手に入れた資金や資本金、積み上げて来た利益剰余金等、会社が返す必要のないお金で、どのくらいの利益を上げているのかを表す指標です。

一見問題などないようですが、実は注意すべき点があります。

ROEが高くても

ここで図表16の財務指標の式①を見てください。ROEは一株当たりの利益÷一株当たりの純資産の割り算で計算ができる財務指標です。この割り算を分数で見たとき、分子が純利益で分母が自己資本になります。

現実に純利益が純粋に多くてROEが高くなるのであれば全く問題はありません。しかし、利益が増えなくても、分母である自己資本を減らせば、ROEが増えることはおわかりでしょうか。

ここからの細かい話は、わからない人は、サラッと流して今は先に進んでください。

初心者には少し難しいかもしれませんので、ざっくりと書きますが、自己資本は、会社が保有す

〔図表16　財務指標〕

財務指標

$$\frac{\text{当期純利益}}{\text{自己資本}}\times 100\% = \text{ROE}$$
(Return On Equity) 自己資本利益率 ①

$$\frac{\text{株価}}{\text{1株当たり純利益}} = \text{PER}$$
(Price Earnings Ratio) 株価収益率 ②

$$\frac{\text{株価}}{\text{1株当たり純資産}} = \text{PBR}$$
(Price Book-value Ratio) 株価純資産倍率 ③

$$\frac{\text{経常利益}}{\text{総資産}} = \text{ROA}$$
(Return on Assets) 総資産経常利益率

$$\frac{\text{純利益}}{\text{期中平均株式数}} = \text{EPS}$$
(Earnings Per Share) 1株当たり純利益

$$\frac{\text{純資産}}{\text{発行済み株式数}} = \text{BPS}$$
(Book-value Per Share) 1株当たり純資産

※　ROAの分母は、会社によって経常利益、税引前利益、営業利益、純利益など変わることが有りますので、総資産当たりの、いずれかの利益を表すものだと考えてください。

割り算で出てくる指標は、故意に会社の
価値を高く見せることができるから、
ROEやPERを信じて投資する人は、
ヒドイ目に遭うカモ・・・

るお金を使って市場から株を買い、処分（自社株買い償却と言います）してしまうと減らすことができます。もちろん会社は数十億、数百億単位のお金を失います。これを、発行されている株数が減るので株価が上がると考えることもできますが、基になる会社の資産価値も減っていることを見逃してはいけません。

同じように自分の会社の株を買っておいて、同じ会計年度内に再度売却することでも、期中平均株式数を小さくすることができ、純利益÷期中平均株式数で計算されるＥＰＳ（一株当たりの利益）を大きく見せることができます。つまり、分母を操作することができれば、ＲＯＥを意図的に高く見せることができてしまうのです。

★割り算で出る財務指標には要注意！

ここで見るべきは、ＲＯＥの数字ではなく、その元となる「純利益」と「自己資本」または、「一株当たり利益」や「期中平均株式数」の変化を見るべきなのです。これらは、会社が公表する決算書（決算短信）に掲載されています。

決算短信をご覧になりたい場合は、上場企業であれば、その会社のホームページに、ＩＲ資料として公開されています。決算短信の通読は財務分析の入り口として避けては通れない部分でもありますが、本書では株式資産投資全体の戦略を話していますので、今回は個別詳細な部分へは、あまり深入りしません。興味のある方は、巻末から講座情報などにアクセスください。

ここではＲＯＥは会社経営陣の意図で変えることができる指標であることを認識できれば充分です。

ＰＥＲで買う銘柄を求めるな

同じく割り算で出てくる有名な財務指標ＰＥＲ（株価収益率）も注意が必要です。この数値は、株価÷ＥＰＳ（一株当たり利益）で計算されます。投資家の中には、ＰＥＲが下がって割安になっているから株を買うという方がいらっしゃいますが、図表16の②ＰＥＲ計算式の分母に当たるＥＰＳが正確な数字になり得ません。

ご自分で現状の予測計算をされる場合はよいのですが、投資関連のサイトや雑誌などに出ているＰＥＲは、鵜呑みにして投資判断すると財務状態の悪くなってきている会社の銘柄を掴んでしまう恐れすらあります。

一般的に公開されているようなＰＥＲの値は過去に発表されたＥＰＳなどを利用してリアルタイムの株価で計算されているため、業績の悪化などが懸念されて株価が下落したときに、分子の株価だけが下がり、分母のＥＰＳが追いついていないため、ＰＥＲが下がり、利益がたくさん期待できるのに株価が下がっているように見えます。つまり割安に見えてしまいます。本来であれば最終的な会社の利益を見越したＥＰＳを想定してＰＥＲを計算すべきところですが、投資サイトなどにリアルタイムで表示されるＰＥＲはそこまで詳細なデータではありません。

先のＲＯＥもそうですが、このＰＥＲもまた、その数値を見て「10前後で低いから買いだ」というような判断で投資を決定するようなことはとてもおすすめできません。

ＰＢＲ１・０伝説を信じるな

もう１つ信じると痛い目に遭いがちな有名財務指標の話をしておきます。

あなたは、ＰＢＲ（株価純資産倍率）が１未満は割安と言った話を聞いたことがあるでしょうか？市場が判断する「株価」と、決算書に表記される「一株当たりの純資産（会社の解散価値）」が等しい場合にＰＢＲは１となります。つまり、会社の解散価値が株価と同じになったときがその銘柄本来の株価という考え方です。ＰＢＲが１未満であれば割安だから買っても大丈夫というわけです。

しかし、株価は市場が決めるものです。決してすべての銘柄がＰＢＲ１に収束するようなことはありません。また、純資産は会社の現金類だけではなく、既に在庫品や工場、装置、機械、土地、投資有価証券など色々なものに変わってしまっています。その資産としての値段を数字にはできても、実際にその会社が持つ価値、つまり、この会社を丸ごと買うならいくら必要かという時価総額を総株数で割った株価と同じにはなりません。ＰＢＲ１を基準株価とするのは無理があります。

もっともらしい理由で株を買うな

私は、こういうややこしい話を単純にして理解することが殊のほか楽しいのですが、入門書と言いながら難しい話が並んでしまったかもしれません。一応説明のために聞き慣れないことも書いてしまいましたが、財務指標の詳細は現時点で理解できなくても大丈夫です。

ただし、「PER、ROE、PBR1・0と言った割り算の結果出てくる数字は、鵜呑みにしない。それを見てスグに投資判断しない」と覚えていれば十分です。

今後、あなたの株に対する勉強が進み、もっと財務指標の理解を深めたいと思ったときに、またこの節を熟読してみてください。「ああ、そういうことか！」というヒントも散りばめてあります。

2　私がおすすめするガッチガチに堅実な銘柄探しの手順

調べる価値があるか当たりを付ける

さて、ここまで話してきたことを使って、実際の株式投資をするためには、投資対象とする銘柄を選ばなければなりません。ここからは、私が実際に行っている銘柄選びの手順に従って順番に解説をしていきます。

株式投資で銘柄を選ぶ際、上場されている日本株だけでも4000弱の銘柄が存在しています。

これをすべて網羅することは現実的ではありませんし、実際の投資対象として、値動きや財務状態などを普段から確認していられるのは、頑張っても、せいぜい20銘柄ぐらいだと考えています。

その中から、実際に投資できるのは数銘柄ぐらいだと考えておくぐらいが好い加減です。まずは、どんな銘柄があるのか、調べる価値がある銘柄なのかどうか当たりを付けていきます。

最近は、知人や生徒さんたちと株談義をする中で、ああでもない、こうでもないと色々検討しながら銘柄発掘することが楽しくもあり、一番優良銘柄が出る確率が高いと感じていて好きなのですが、ここではあなたが一人でもできる方法を、手順を追ってお話しします。

その会社に何か強みはあるか

私は、銘柄探しを行う中で、普段から一番気にかけていることがあります。それは「何か強みがある会社」かどうかです。

例えば、技術力が世界屈指とか、キャッシュが1兆円近くあるとか、誰もつくれないものをつくっているとか、誰も真似できないものを売っているとか、その会社がなければ世界が立ち行かないとか、世界中の市場シェアを持っているとか、そういった強みを持った会社をできるだけ自分で探して欲しいのです。

これがないとみんなが困る。そんな会社が私は大好きです。何故なら、円高だろうが円安だろうが、必要なものは買わなければなりませんし、万が一経営が傾いてもその技術を買いたい会社が現れてくれたり、そもそも１回や２回不景気が来たってどうってことない程お金があって財務基盤も盤石な会社だったり……そういった会社を普段から意識して探しています。

銘柄探しのキッカケは

実際に私は一人で銘柄を探すとき、特集の組まれた雑誌などをよく使います。どんな特集を見ているかと言うと、高配当銘柄、高利回り銘柄、キャッシュたっぷり銘柄等、いわゆる「儲かりそうな銘柄特集」を探します。高ＲＯＥ銘柄もよいかもしれません。

「えぇ！　さっきまでと言っていることが違うじゃないか！」という声を期待していますが、矛盾はしていません。どんな銘柄が世の中に存在するかをチェックしているだけです。この中から「３章４の確実に株価が上がる銘柄とは」でお話ししたような銘柄を選りすぐるための最初のリストアップに過ぎません。

それから、案外面白いのは、自分が街を歩いていて新しいものが目に付いたり、自分が使ってみて「あ、コレよいなぁ」と思うものを提供している上場企業などはピックアップ対象銘柄としては面白いと思います。

もしも、「すべての株式上場企業の情報を見たい」というのであれば、会社四季報という本も売っています。その名の通り1年に4回発行され、上場企業が3か月ごとに発表する売上や利益に関する財務情報、会社の概要や経営状態、大株主、会社経営役員等の情報が記載されています。

株式投資を行うのなら、ペラペラめくって聞いたことのない会社を探すのに1冊くらいは持っていてもいいかもしれません。これは！　と思う会社が見つかることもあります。ただ、特定の会社の情報を見るだけなら、最近は四季報の情報を無料提供しているネット証券会社も多数ありますので活用しない手はありません。

他にも、経済番組等で取り上げられたような上場企業、誰かが推奨した銘柄などもチェックしてみてもいいかもしれません。

ただし、これまで口を酸っぱくして申し上げてきた「他人発の情報で慌てて株を買う」ことは止めてください。何千人何万人の目に触れてしまった銘柄は、それからかなりの期間で高値掴みになるリスクが高くなります。

なぜなら、その情報にいち早く反応してその銘柄株を買った人や、情報が出る前から既にその銘柄を持っていた人たちが、値上がりを待ってその銘柄を売ることで、株価が下がる可能性が大いにあるからです。たとえ、その情報が「株価が絶対に上がるような内容」であったとしても、今はまだその銘柄が堅実資産投資に向いているのかを調べる前の段階でキッカケとして思いつく会社をピックアップしているだけです。これからピックアップしている銘柄をふるい落としていきます。

3　株価チャートに1本の線を引け

株価チャートのココをチェックする

次に候補に挙げた銘柄の株価チャートをチェックします。私はＳＢＩ証券のハイパーＳＢＩというトレーディングツールを使って、普段色々な事柄をチェックしていますが、長期の株価チャートが確認できればどんなものでも構いません。

まず、候補に挙げた銘柄の株価を、20年週足で表示してください。そしてツールを使って1本だけ直線を引きます。引けなければ定規を当てて傾きを見るだけでも構いません。

ただし、この方法は上場後5年程度の表示期間が少ない銘柄のピックアップ判断には役に立ちません。理由は、色々な景気の浮き沈みを何回か経験したことがない銘柄は、この先どのような値動きを見せるのか想像ができないからです。あなたの知識が未熟なうちは特に、そのような銘柄はこの時点で投資の対象から外してください。

長期株価チャートに線を一本引くだけで損は防げる

線の引き方は図表17のように「谷底を一本の直線で結んでください」、たったこれだけです。一見、

〔図表17　一本線を引く〕

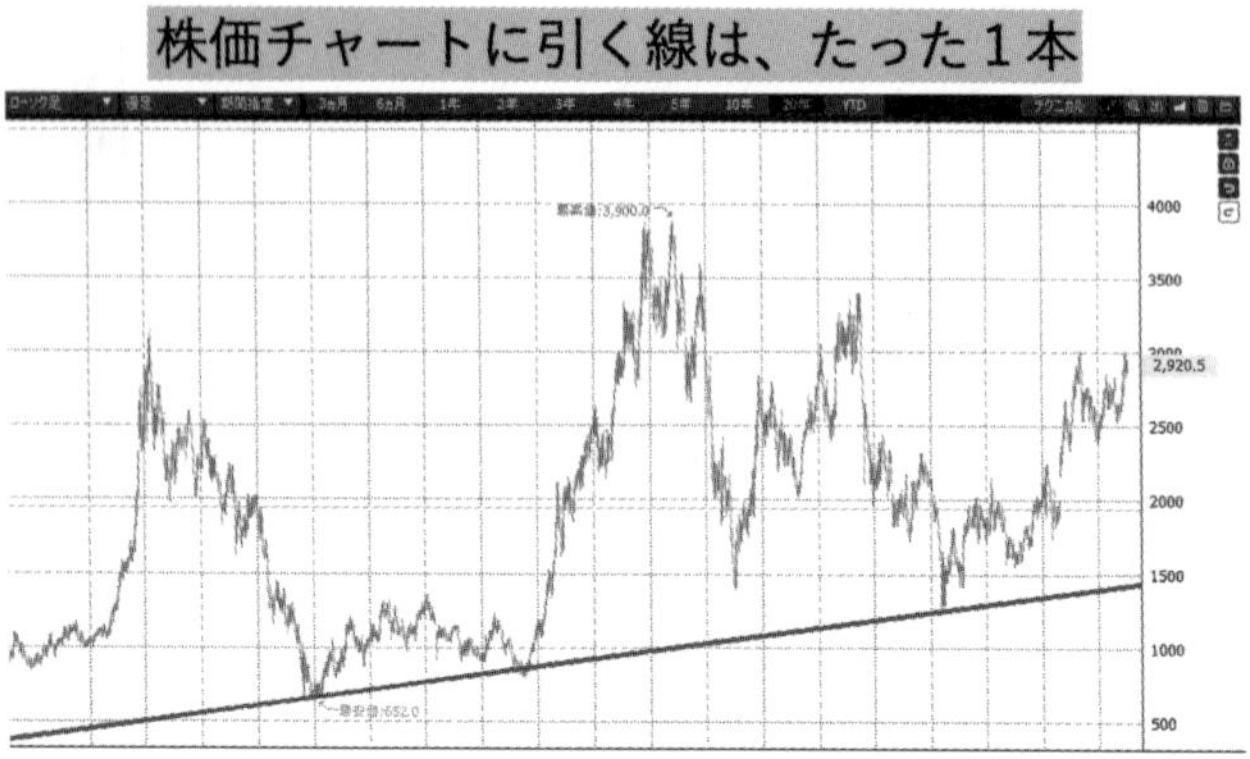

トレード手法の抵抗線と同じですが、これだけであなたの長期資産投資の成功確率が格段に上がります。

あなたの運命を分ける株価チャート４つの型

さて、一本だけ線を引くと見えて来るものがあります。

それは、対象とする銘柄が、株式市場から、どのように見られているかということです。大きく分けると次のように４つのパターンに分かれるのですが、ここからは、私が普段使っている「右底上がり」「右底下がり」という造語を使って説明していきます（図表18を参照）。

・パターンＡ　右底がなだらかに切上がる型
・パターンＢ　右底が長期で少しずつ切上がる型
・パターンＣ　右底がほぼ同じ型
・パターンＤ　右底下がり型

パターンＡは、ぐんぐん株価が上がっていく超優良銘柄と言って差し支えないでしょう。誤解を恐れずに言えば、長期で持つなら特別安いタイミングで買えなくてもいずれプラスになる確率が高いであろう銘柄です。長期で持ち続けるのにも向いている銘柄と言えると思います。

次にパターンB、これは株価が上がったり下がったりする幅が大きく、買い処を間違えなければ売買益を大きく取れるのですが、その分下落リスクも伴います。こういったパターンの銘柄こそ、「ゼロ化」をして売却益も取りながら、持ち株を増やしていきたいところです。

また、株を半分売って早期にタダ化をしたい場合には、パターンAとパターンBの中で、普段から長期の値幅が倍かそれ以上ある銘柄を選ぶ必要があります。

パターンCは、下がるところまでいつも下がってしまうパターンです。上下幅が大きければ売却益を取ることはできますが、長期で株を資産化したい場合は、対象から外すことを考えたほうがよいでしょう。また、パターンC型で上下幅がない場合、株式分割が多い銘柄ですと、それなりに株価が上がっていても一見、株価が全く上がっていないように見える場合があります。

最後にパターンDです。このタイプは長期投資に向かない銘柄になります。長くこの銘柄を持っていても、じりじりと株価が下がって行くので資産として株を持ちたいのであれば手を出すべき銘柄ではありません。

先程当たりを付けた銘柄をこのパターンに照らし合わせて、ふるいにかけ、パターンAとパターンBのような銘柄のみを残します。パターンAやBであれば、少しの損なら時間や配当が埋めてく

〔図表18　チャート４パターン〕

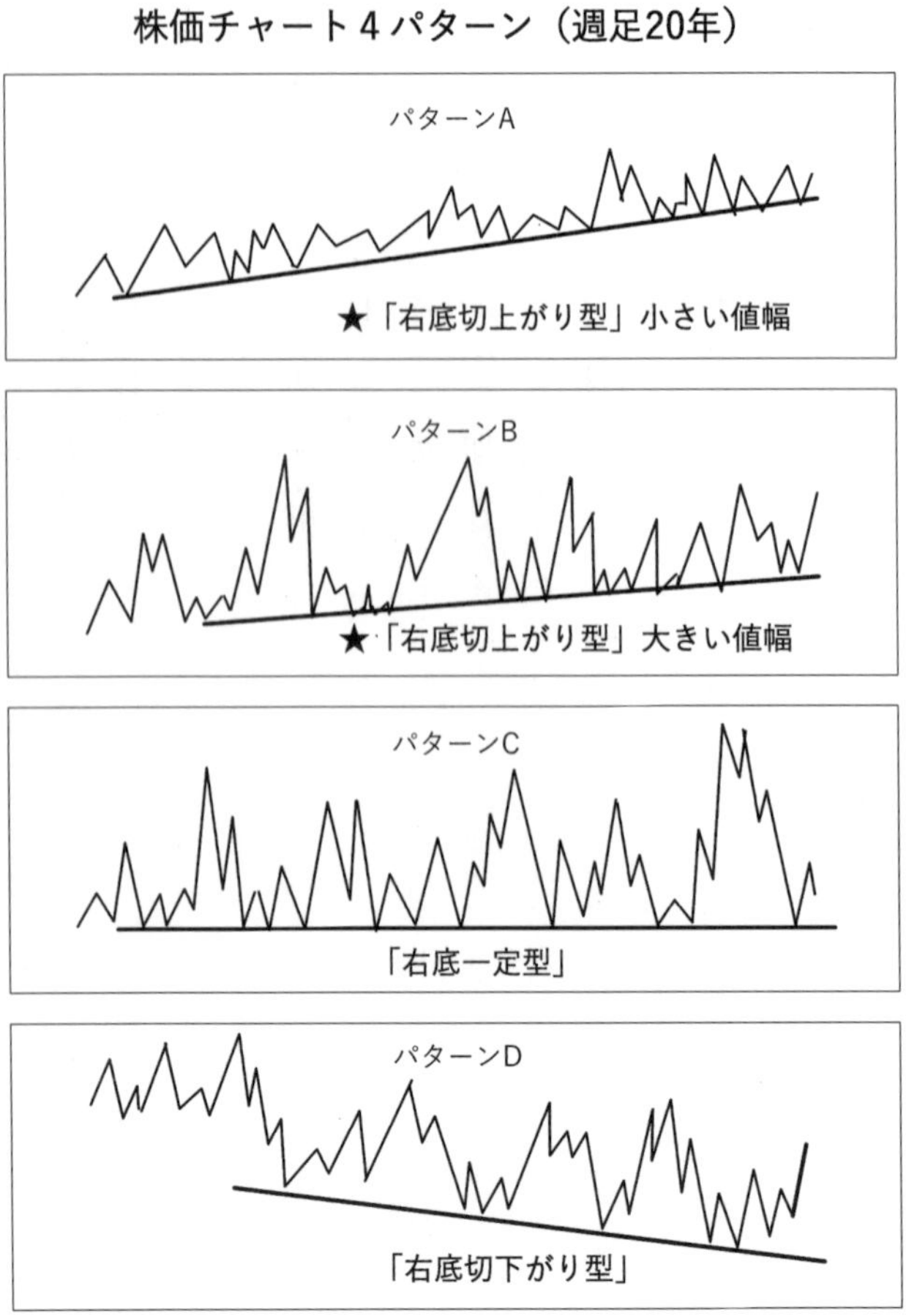
株価チャート４パターン（週足20年）
パターンA
★「右底切上がり型」小さい値幅
パターンB
★「右底切上がり型」大きい値幅
パターンC
「右底一定型」
パターンD
「右底切下がり型」

れるのですが、パターンＣやＤでは、そうはいきません。Ｄに至っては、時間とともに損が重なっていく恐れもあり、長期の塩漬けの刑に処せられてしまったり、大切なお金を無駄に使うことにもなりかねません。

実は、この単純なことに気づくまで、私は約20年掛かりました（笑）。これまで35年以上投資を続けながら、かなり沢山の投資関連の本を読んできたつもりですが、このことに触れた書籍には、私は出会えませんでした。

コロンブスの卵的な話で、極めて単純なのですが、知って使えばかなり役に立ちます。例えば、財務状態がよい会社なのに、理解に苦しむような株価の下落をする銘柄が存在します。株価は市場が決めているので理由は私にはわかりませんし、後付けの理由ならどんなことだって言えます。そういった訳のわからない、手に負えない銘柄の除外には特に有効な手法です。

急激な右肩上がりは例外にする

さて、この４つのパターンをチェックする際、今までにないような急激な株価の高騰が起きて高値を更新し続けている真っ最中の銘柄に出くわすことがあります。その銘柄は既にギャンブル領域に居ますので、堅実を求めるのであれば当面投資対象からは外しておくことをおすすめします。

もちろん投資は自己責任ですので飛び乗りたい方を止めはしません。何しろ損も儲けもあなたの

〔図表19　急激な値上がり〕

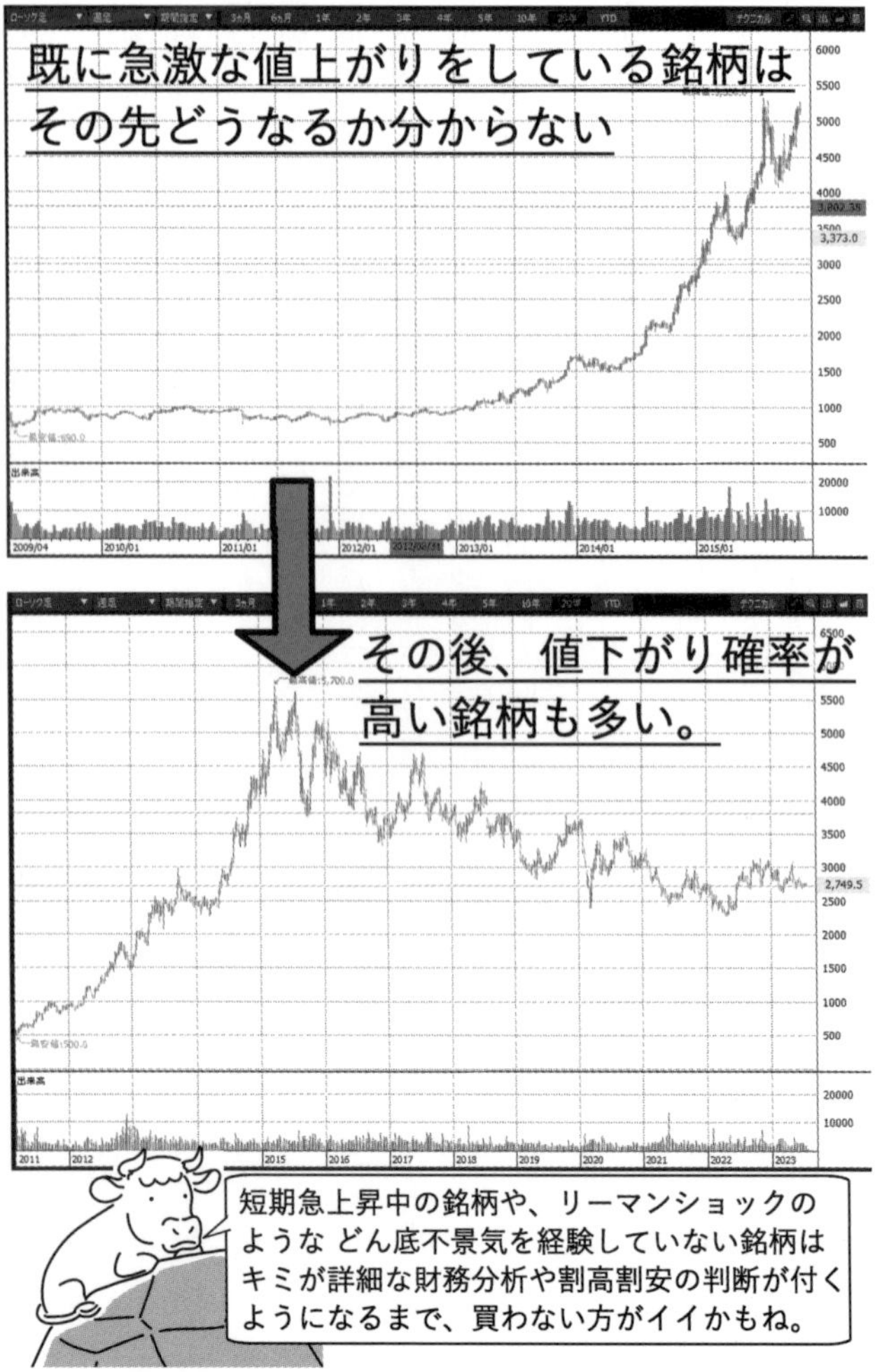

ものので、私のものではありません。投資ではすべての利益も損もあなたが負うのですから。

わからないものには手を出すな

それから、色々な銘柄を見ていると４つのチャートのどれに当てはまるかわからない。これはどれになるのだろう？　という場面に出くわすことがあると思います。でも、そんなときの答えは簡単です。当てはまらないなら、手を出さないようにしておいてください。

株の神様Ｗ・バフェット氏も「訳のわからないものに投資するな」と言っています。学校のテストに答える訳ではありません。わからないままで構わないので、手を出さない。その選択は１つの立派な投資判断です。

買った株価に戻ってこない株を持つ

ここまで、株価チャートのタイプが、パターンＡとパターンＢを選びましょうという話をしました。実際にこういった右底切り上がりの銘柄を保有し、時間を味方に付けることで、もう、あなたが買った株価には戻ってこない！　そんな状態になってしまった株を安心して保有していって欲しいのです。

その会社がどんどん資産を積み上げていくことで配当が増え、それに合わせて株価も上がり、その株を買った多くの人たちが、会社の積み上げていく資産のおかげで損をしない。そんな堅実な資産の積み上げができていくはずです。

あなたは株のゼロ円化と右底上がり株の合わせ技を使ってガッチガチに堅実な資産を積み上げていくことができるでしょう。

儲かるパターンが崩れるとき

ここで一旦お断りしておきます。投資の世界に絶対はありません。お話した4つのパターンはあくまでも20年間市場がそう判断してきた銘柄である、というだけのことです。

したがって会社の財務状態が大きく変わったり、会社の代表者が変わり、経営方針が変わることで切り下がったり、逆に切上がっていたりすることも起こる可能性があります。

この後は、財務状況によりパターンが崩れる恐れのある銘柄を更にふるいにかけていきます。

◇コラム／都合よく切り取った株価チャートとパターンに踊る投資家たち――

本文の中で株価チャートを20年間で見て欲しいと話をしました。少し長過ぎるのでは？　と思った人もいるでしょう。しかしながら、多くの投資関連のメディアや雑誌等は、おおよそ6か月間の株価チャートを切り取って投資家たちに情報提供しています。短期トレードならそれでもよいのかもしれません。しかし「上がった株は利益を取られて下がります」見せられている株価チャートが右肩上がりなら、買う頃にはかなりリスクが高くなっているはずです。また、本文中のチャートパターンCやDであっても、短期で見れば右に上昇している銘柄は山ほどあります。

教室などでも、「株価チャートはどの長さで見ますか？」と問われますが、「できるだけ長期で見て、自分が今どの辺りの株価を見ているのか把握しておいてください」と答えるようにしています。

もしも、他人から与えられるままに短期間の株価を見てしまうと、自分がその銘柄のどんな部分を見ているのか、その位置がわからず、比較的株価が高値圏にあっても「まだ上がる」と勝手に思い込んで慌ててその銘柄を買ってしまい、高い下落リスクを負ってしまいがちです。

また短期間の株価チャートに色々な点を選んで結んだ線を何本も引いて、その線に触れたり越えたりするタイミングを投資判断の基準にするようなトレード手法もたくさんありますが、極端な話、チャートには、どんな線でも引くことができますし、どんなもっともらしい理由だってつけることができてしまいます。

ローソク足のパターン等も思い通りに向かえばルール通り、そうでなければ「ダマシ」だったと後付けの理由が付いてきます。

株価チャートの形に色々な理由を付けてみても、結局のところ株価の上下は、まだ上がると思って買う人と、そのとき売ろうとする人のどちらか多いほうに動いて行くだけのことです。

4　こんな銘柄は除外しよう

財務情報を見て候補から除外していく

ここまで、何かよさそうな会社を探し、株価チャートに照らし合わせ、なんとなく安全そうな株を選別しました。さあ次は、いよいよ最終段階です。会社の財務情報を見て、更にふるいにかけていきます。

初めての人は、少し難しいと感じるかもしれませんが、あなたが危ない目に極力合わないように、最低限必要な部分だけを解説しますので、ついて来てください。

これから説明する銘柄選別作業は、慣れてくるまで、チェックする順番も守ったほうが効率よく行えるように構成されています。

決算書のここで確認する

さて、財務情報を見るために、各会社の「決算書」を見ていただきます。決算書はその会社のホームページを見ると株式上場企業であれば『決算短信』という名称で掲載されています。四季報を見るよりも数週間早く、発表された当日に財務情報を閲覧することができます。

できれば、あなたが好きな上場会社を対象にして実際に順を追って探してみてください。

①その会社のホームページを開きます。（商品販売ページではなくコーポレートサイトです）

②メニューの中から「ＩＲ」や「投資家情報」等を選びます。

③その中から「ＩＲライブラリ」や「決算情報」等を開きます。

④決算情報の中から、【通期決算短信】【●月期決算短信】【●月期第４四半期決算短信】等の表示がされている12か月分が記載された決算短信を選び、開いてください（注意、第１、２、３四半期の決算短信は今回使用しません）。

これから解説する1つひとつの決算科目は、表記する名称が若干異なっても、この位置にはコレといった感じで同じ段の同じ位置に記載がされていますので、これから説明する内容を、あなたが確認したい銘柄の情報と照らし合わせて、確認作業をしていってください。

今回は、入門書という前提でお話ししていますので、必ず確認すべき重要な部分しか解説していません。でも、もしあなたが、少しでも堅実な投資がしたいなら、たとえ理解できなくても、決算書にはサラサラッと目を通す癖を付けて、だんだんと慣れていって欲しいと思います。

①配当の状況を確認して除外する

では、重要で簡単なところから始めます。ここまでにも株式資産投資の根幹部分として解説してきた「配当」について、決算短信の見方を説明します。

掲載場所は図表20の決算短信、下から2段目の位置【配当の状況】を見てください（注意：配当の欄は他の科目欄と異なり、年度が上下逆に表記されています）。

ここでは、第一に【年間配当金】の合計欄を確認します。「配当金があるか」「前年より年間配当額が減っていないか」を見てください。

万が一、2年連続で配当が0円だったり、極端に少ない配当金額なら、余程特別な理由がない限り、その銘柄は除外します。配当のない銘柄の株価は底抜けです。理由は既に3章でお話しした通りです。意味が理解できない場合は、読み直しをおすすめします。

②配当性向を確認して除外する

次に、同列記載の【配当性向】を見ます。配当性向が前年より格段に増えていたり、「－」表示になっていないかを確認してください。連続でその状況が続いているようなら、投資対象から除外します。「－」は、赤字決算の時に表示されます。

もしも、それが何か一時的な理由から起こっている現象なら考える余地もありますが、決算短信の古い年度まで遡っても度々そういったことがある場合は、迷わず除外です。理由が理解できないようならやはり3章を読み返してください。無配当銘柄への投資はギャンブルです。

〔図表20　決算短信〕

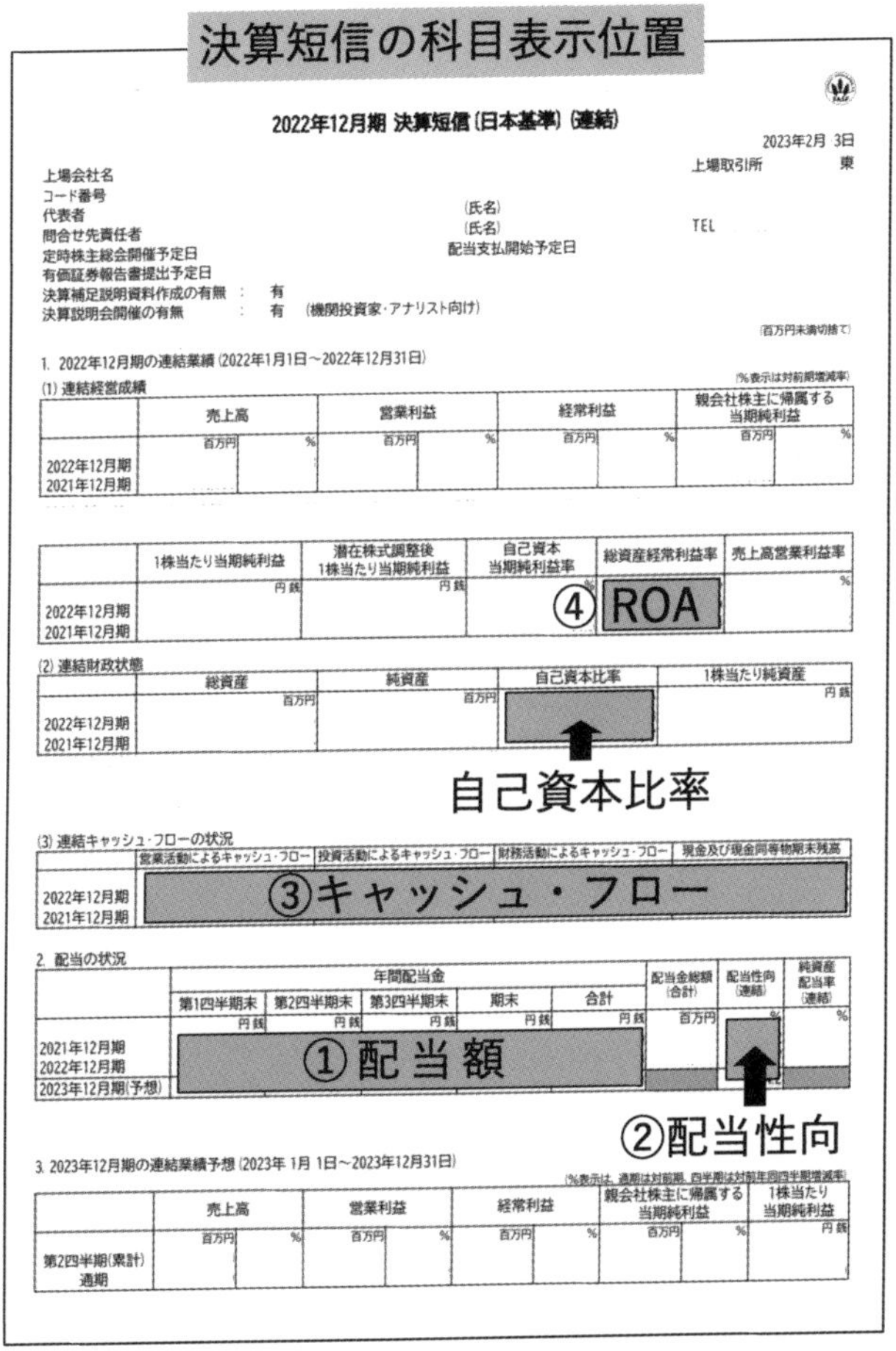

決算短信の科目表示位置

2022年12月期 決算短信〔日本基準〕(連結)

2023年2月 3日

上場取引所　東

上場会社名
コード番号
代表者　(氏名)
問合せ先責任者　(氏名)　TEL
定時株主総会開催予定日　配当支払開始予定日
有価証券報告書提出予定日
決算補足説明資料作成の有無　：　有
決算説明会開催の有無　：　有　(機関投資家・アナリスト向け)

(百万円未満切捨て)

1. 2022年12月期の連結業績(2022年1月1日～2022年12月31日)

(1) 連結経営成績　(％表示は対前期増減率)

	売上高		営業利益		経常利益		親会社株主に帰属する当期純利益	
	百万円	％	百万円	％	百万円	％	百万円	％
2022年12月期 2021年12月期								

	1株当たり当期純利益	潜在株式調整後1株当たり当期純利益	自己資本当期純利益率	総資産経常利益率	売上高営業利益率
	円 銭	円 銭	％		％
2022年12月期 2021年12月期				④ROA	

(2) 連結財政状態

	総資産	純資産	自己資本比率	1株当たり純資産
	百万円	百万円		円 銭
2022年12月期 2021年12月期				

自己資本比率

(3) 連結キャッシュ・フローの状況

	営業活動によるキャッシュ・フロー	投資活動によるキャッシュ・フロー	財務活動によるキャッシュ・フロー	現金及び現金同等物期末残高
2022年12月期 2021年12月期	③キャッシュ・フロー			

2. 配当の状況

	年間配当金					配当金総額(合計)	配当性向(連結)	純資産配当率(連結)
	第1四半期末	第2四半期末	第3四半期末	期末	合計			
	円 銭	円 銭	円 銭	円 銭	円 銭	百万円	％	％
2021年12月期 2022年12月期 2023年12月期(予想)	①配当額							

②配当性向

3. 2023年12月期の連結業績予想(2023年 1月 1日～2023年12月31日)

(％表示は、通期は対前期、四半期は対前年同四半期増減率)

	売上高		営業利益		経常利益		親会社株主に帰属する当期純利益		1株当たり当期純利益
	百万円	％	百万円	％	百万円	％	百万円	％	円 銭
第2四半期(累計) 通期									

ただ、こういった銘柄については、キャッシュを数千億円も持つような会社ならば、配当支払いで減っていくお金が、どのくらいの期間耐えられるかを想定した上で、少しの間高配当を貰っておくという選択をしてもよいかもしれません。ただし、あなたがそこまで企業財務が投資目線で読めるようになってから実行することをおすすめしておきます。

③隠れた赤字を確認して除外する

次に、会社が現金をどのくらい持っているのかや、本当に利益が出ているのかをチェックします。そのためには、先程の配当欄の1つ上段、図表20、下から3段目の位置【キャッシュ・フローの状況】を見てください。

この中で【営業活動によるキャッシュ・フロー】（以下営業CF）を見ます。この営業CFがゼロに近かったり、マイナスになっていたりする場合には、例え売上高や当期純利益が例年のような数字で儲かっているように見えても、かなり注意が必要です。

表面上の当期純利益が計上されていても、営業活動の中で実際には現金が会社に入ってきていない場合があるのです。その状況は営業CFを確認することで判定ができます（年間の利益や、売り上げなどについては決算短信の最初の段に記載があります）。営業CFのマイナスが続くような場合は、その銘柄は投資候補から除外します。

キャッシュ・フローは会社の財布

ここで少し「キャッシュ・フロー（以下、ＣＦと表記します）」について解説しておきます。ＣＦは会社が持っている財布の中身を表していると考えてください。

「営業ＣＦ」は、１年間に営業活動で財布に入って来たお金と、営業活動に使い出ていったお金の差し引き残高です。「営業ＣＦ」がプラスなら儲かっていて正常です。

「投資活動によるキャッシュ・フロー（以下、投資ＣＦ）」は、決算短信で営業ＣＦの右側に記載されています。

設備や不動産、有価証券等に投資するために財布から出ていったお金と、それら投資物を売って財布に入ってきたお金の差引額です。「投資ＣＦ」は正常な会社であれば普通はマイナスです。そして営業ＣＦより少額です。

営業ＣＦよりもマイナス額面が多い場合は、営業で稼いだお金よりも多くのお金を使って何かに投資したことになります。何を買って何を売ったかなどの概要は、決算短信の後半に記載されていますので、興味があれば確認してみてください。

「財務活動によるキャッシュ・フロー（以下、財務ＣＦ）」は、更に投資ＣＦの右側に記載されています。

銀行などにお金を借りるとその額が財布に入ってきます。普段は借り入れたお金を返済するとその額が財布から出て行きますので、「財務ＣＦ」が正常な状態はマイナスです。大きな借り入れを行ったときは、会社の財布に入ってくるお金が多くなるのでプラス表記になります。

更にその右隣りにある「現金及び現金同等物期末残高」は、最終的に会社の財布の中に現金がいくら残ったかを表しています。勉強が進めば、この残った現金が、本業の営業活動で稼いだものなのか、持っていたものを売ってつくったお金なのか、銀行から借りて来たお金なのか等を見ておくのも、会社の財務状態を知るうえで役に立ちます。

④会社の資産が大きくなりにくい銘柄を除外する

次に、会社が持っている資産でうまく利益を出しているのかを見ていきます。決算短信上から二段目の、右から2つ目に記載されている「総資産当たりの利益率」を見ていきます。

表記名称は総資産経常利益率であったり、資産合計税引前利益率であったり色々ですので、「資産全体に対していくら利益が出ているか」という感じの表記の部分を見てください。表記の違いはありますが、これらを総資産利益率、ＲＯＡ（ReturnonAssets）と呼びます（以下ＲＯＡ）。

結論だけ単純に言うならば、この数字が借入金の利率以下なら除外します。利率は時代により変わりますが、執筆中の現状ですと、できればＲＯＡは３％程度は欲しいなぁと考えています。金融業は総資産が莫大なので、ＲＯＡが国債利率より１％でも多ければよいと思います。

ＲＯＡの重要性を理解しよう

ＲＯＡは、この章の最初に出て来たＲＯＥ自己資本利益率に似ていますが、比較的話題に上らない財務指標です。しかし、銘柄分析する上では、ＲＯＡのほうが遥かに重要だと私は考えています。なぜなら、ＲＯＡが高い会社は潰れにくいと言えるからです。

会社は、お金を生み出す原資として、自分たちのお金と、借りてきたお金の両方を使って、工場をつくり、原料費や人件費等を払いながら、売上を立てて利益を出していきます。この基本的な会社の財務構造に当てはめて、考えてみましょう。ここから、少し解説のために極端な話をします。

ある会社が、自分たちのお金10％と銀行に借りたお金90％の状態で成立しているとします。銀行への返済利率は２％としましょう。このとき、総資産に対しての利益率であるＲＯＡが３％なら、利益のほうが多いのですから返済不能になることはありません。借入が多くても、ＲＯＡが高い数値であれば、借り入れたお金を使って、より多く利益を上げることができる優秀な会社と見ることもできます。私はあまりに自己資本が低い会社に投資する勇気はありませんが……。

また、当然ながら借り入れが少ない程、会社にお金を残せることになります。ちなみに、「借金が総資産の90％」ですと、自己資本比率が10％の会社ということになります。一番よいのは自己資本比率も徐々に増えながらＲＯＡが４％、５％を超えるような銘柄であれば、投資候補として期待が持てると私は感じています。

ただし、先に話した営業CFがマイナスであれば、純利益そのものに疑いが掛かりますのでROAは当てになりません。

⑤見た目だけの高価格帯銘柄を除外する

さて、このような銘柄選択を続けていると、少し違和感を感じる銘柄に出くわすことがあります。今まで見てきた4つの項目でROAが大して高くなかったり、営業キャッシュ・フローが例年よりかなり少なかったり、配当性向が異常に高かったり、見た目高額配当株だったりと、投資目線で見ると少し財務に疑問が残るような会社なのに、なぜだか株価が1000円を超えるような高額な感じがする銘柄に出くわすのです。

そういったときは株式併合を行っていないかを疑ってください。株式併合とは株式分割の逆で、発行済株式数を凝縮することを言います。例えば発行されている1億株を10分の1の1000万株に凝縮することを株式併合といいます。併合を行うことで、発行済み株式数は10分の1になり、表向きの株価は10倍になります（図表21参照）。

この場合、既に保有している株なら価値は変わりません。あなたが1000株持っていた200円の株が、100株2000円に変わるだけです。ですが、このような併合によって高めの株価になっているようなものはガッチガチ堅実に株式投資をするなら除外対象としてください。

株価の高い併合銘柄が持つ隠れたリスク

一見、株式併合は、何も問題はなさそうに見えますが、そこにはリスクが潜んでいます。一番勘違いさせられやすいのは、先の例でいえば、株価が10倍になるとともに、一株当たりの純利益（ＥＰＳ）や一株当たりの純資産（ＢＰＳ）配当額なども10倍になるのです。高額配当だけ見ていると業績のいい会社に見えてしまいますが、少し前までは、株価も低価格帯で、配当も額面は数円だった銘柄なのです。

さて、ここ数年で株式併合銘柄が多くなった原因は、政府が国民の株式投資意欲を高めるために、２０１８年10月を境に、それまで株式市場での最低取引数が１０００株だったものを、１００株単位に減らし、多くの国民がこれまでの10分の１の費用で株が買えるように、ルールを変更したことに始まっています。

その甲斐あって、それまで株価２００円の株を買うのに最低でも20万円かかっていたのが、２万円の資金があれば買えるようになったわけです。

よいことだらけのようにも見えますが、会社は増える株主への事務対応をしなければなりませんし、利益を生まない作業に手間が増えてしまいます。そういった防止策もあってか２０１８年少し前位からいわゆる低位株という３００円を切るぐらいの株価帯の会社がたくさん株式併合を行いました。

〔図表21　併合〕

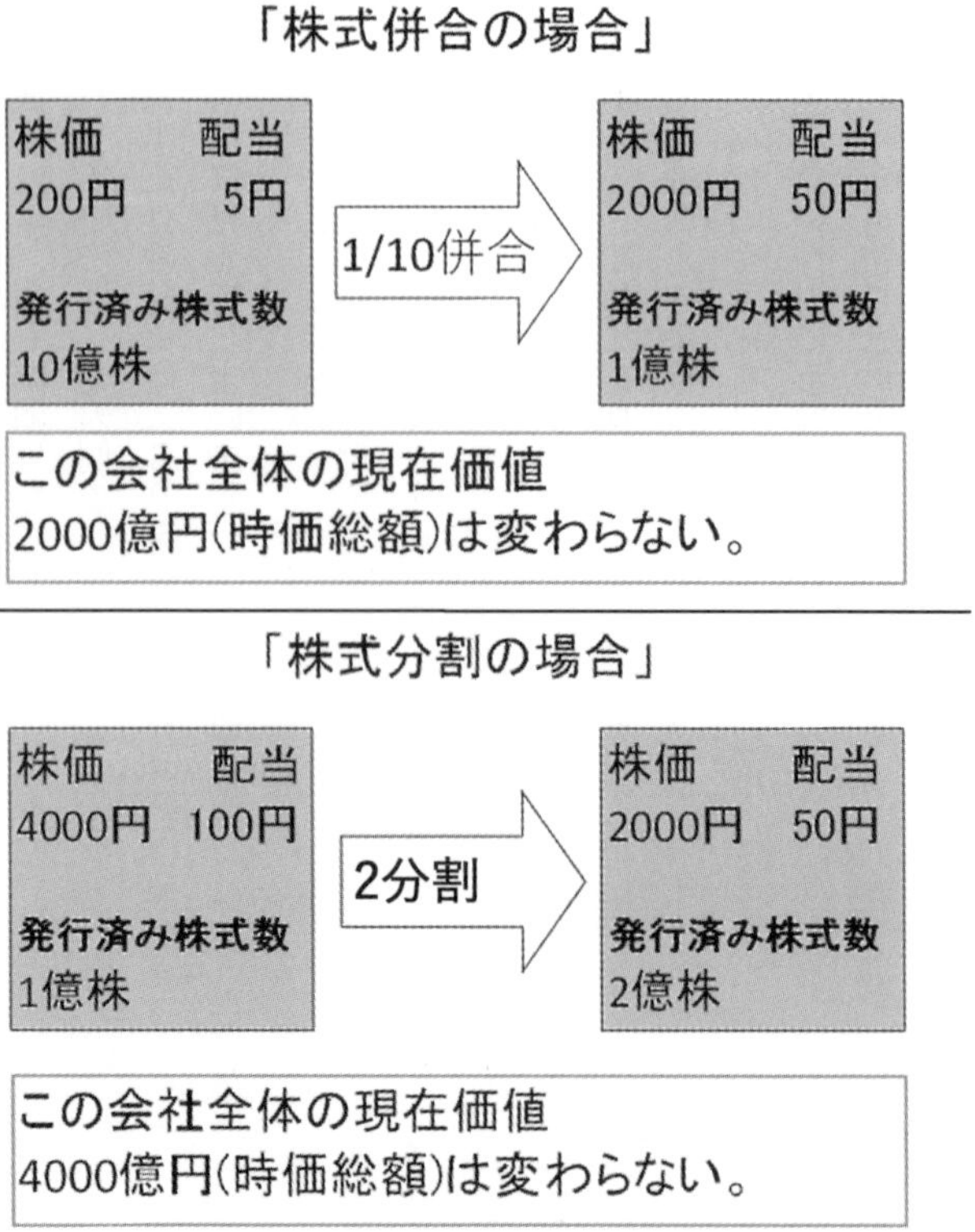
「株式併合の場合」
株価　配当
200円　5円
発行済み株式数
10億株
1/10併合
株価　配当
2000円　50円
発行済み株式数
1億株
この会社全体の現在価値
2000億円(時価総額)は変わらない。
「株式分割の場合」
株価　配当
4000円　100円
発行済み株式数
1億株
2分割
株価　配当
2000円　50円
発行済み株式数
2億株
この会社全体の現在価値
4000億円(時価総額)は変わらない。

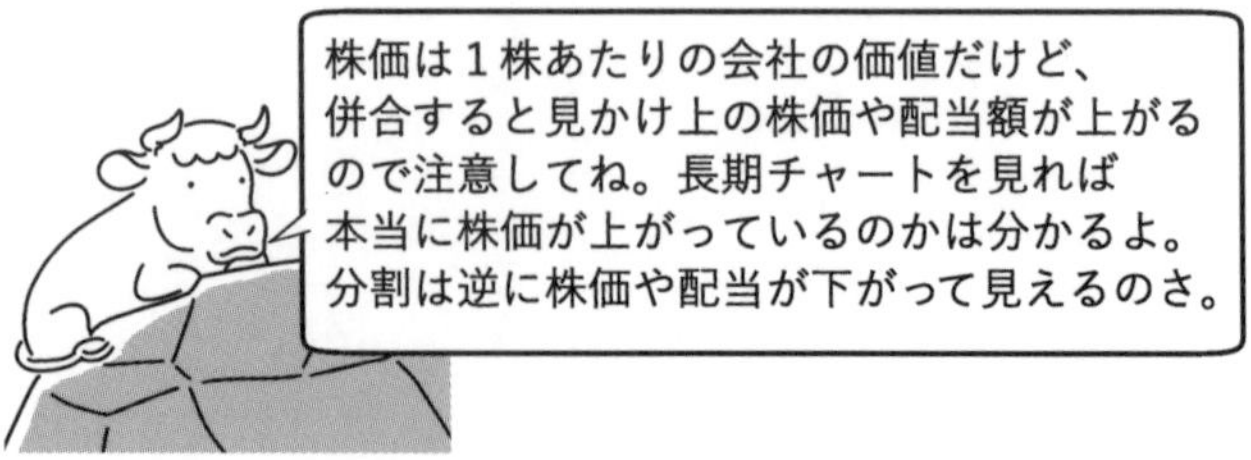
株価は１株あたりの会社の価値だけど、
併合すると見かけ上の株価や配当額が上がる
ので注意してね。長期チャートを見れば
本当に株価が上がっているのかは分かるよ。
分割は逆に株価や配当が下がって見えるのさ。

そのため、それまでに存在した「株の値段による銘柄のクラス分け」の中で2000円台の株の中に、低位株から併合によって上位の株価帯になった銘柄が、混じってしまったのです。しかし低位株はそれまで市場がそう価値判断をしたから低位株だったことを忘れないでください。

この併合による中高価格帯への変更が怖いのは、例えば、併合前まで株価200円だったものがそこから暴落しても80円とか60円ぐらいで止まっていたものが10分の1に併合され、株価が2000円になったことで800円や600円で止まらなくなる恐れが出てきます。

つまり、株価が不景気などで落ち込むときに以前より下落の幅がその分大きくなり、損する額が増えるリスクができてしまうのです。まだ下がる余地が拡大してしまったワケです。

裏を返せば、以前よりもっと上昇幅が見込めるということでもあるので、人それぞれなのですが、併合しなくても2000円だった株と併合して2000円になった株は分けて考える必要があります。私は併合を行った銘柄は株価も高めになりますので、大暴落時の下落を一度見極めるまでは少し距離を置くようにしています。年月が経てばあまり気にならなくなる項目でもあります。

併合を確認する方法

インターネットで株式併合を確認するのなら「会社名」＋「併合」と検索をかければ出てくるでしょう。また、2018年前後の数年分の配当金額をチェックすることでもわかります。会社のホームページのＩＲ欄に配当に関する資料があればわかりますし、数年分の決算短信や有価証券報告書などを見て、どこかで急激に配当額が増えていたりすることでもわかります。

証券会社が提供するトレーディングツールをお持ちなら、個別銘柄の情報欄で【資本移動】の項目を見ると「併合」とか、「10→1」といった書き方がされています。

調査中の銘柄が、なんだか株価が上がりそうな材料情報で、「新しい技術を発見した」だとか「新しい商品を投入する」といった情報に触れ、「この会社はすごくイイんじゃないか」と感じてしまい、前のめりになって銘柄選択の重要部分を調べたのに、なんだか違和感がある。そんなときは、もしかして併合？　と疑ってみてください。決して併合銘柄を否定するつもりはありませんが、そういう視点も持って自分のお気に入りの投資対象をガッチガチ堅実に選んで欲しいと思います。

株式投資で少し冒険もしたいなら

さて、これまでお話しした銘柄の選択過程での５つの除外は、あくまで本書の命題、投資初心者が小額から時間をかけてガッチガチに堅実な投資を行うためのものです。潤沢な投資資金があり、少しギャンブルになってもよい。損しても笑っていられるいう人は、すべて守らなくてもよいかもしれません。ただし、それなら尚更４章でお話しした投資タイミングを重視してください。ギャンブル性の高い銘柄は普段でも株価の上下幅もそれなりに大きく、確かに魅力的なことは認めます。

それに、除外項目を5つすべて守って銘柄を選べば、長期投資で損する確率はかなり減ると考えていますが、やはり、世の中にも投資にも絶対はありません。そのためにも海外旅行へ行ったつもりの株投資用資金を普段から積み立てておき、少し冒険投資をしても、万が一のときも諦めのつく投資をすることが重要になってきます。

5　会社の伸びしろとリスク事項を知っておこう

有価証券報告書で伸びしろやリスクを調べよう

次はこれまでに残った各銘柄の、今後の会社の市場開拓余地や株価下落リスクを知っておくために、有価証券報告書を見ていきましょう。決算短信が2年分の会計データなのに対し、有価証券報告書は、5年分の会計データや、役員の経歴、役員の給与、大株主、保有する有価証券や、どんな系列会社があるか、世界のどの国に展開していて、どのくらい資産を持ち、どのくらいの収益を上げているか、会社が行う事業の中で、どの事業が売上の何%を占めているか等々のデータを無料で閲覧することができます。

それから、有価証券報告書は、決算短信より約2か月程度遅れて公開されます。また、決算書に比べてページ数がかなり多いために、見たい項目を探すのに案外骨が折れます。ですので、私が行っている効率的に見ていく方法を先にお話ししておきます。

有価証券報告書で効率的に知りたいことを探すには

有価証券報告書は決算短信と同じく、各上場企業の会社ホームページでＩＲ情報の中に誰でも見えるように公開されています。もちろん銘柄を取捨選択している現時点ですべてを読む必要まではは感じませんので、次の方法で効率的に見たい物だけを探します。

パソコンで有価証券報告書の中から知りたい項目を見る場合は、【Ctrl】＋【f】（Ｍａｃの場合は、【command】＋【f】）を同時に押すと検索窓が現れますので、そこにこれから解説するキーワードを打ち込んで情報の確認をしてください。

最近は色々な情報まとめサイトも存在しますが、私は、本当の基になるもの、ここで言うのなら有価証券報告書の現物が、どのように構成されているかを知識として知っておくのも重要なことだと思っています。この先何十万何百万のお金を投入するのですから、学ぶ価値はあるでしょう。

①大株主で会社の方向性を探ろう

では、最初に検索窓へ「大株主」と打ち込んでください。配当の説明のところでも少し触れましたが、この大株主によっては、会社の配当方針が変わってくることがあります。

大きな影響が出る例としては、大株主の中に外資系の企業やファンドであったり、経営者の親族の名前などが多くある場合、配当が比較的多めに払われることがあります。

また、そういった会社の中には、自社の経営が思わしくない年にも配当を払う場合があります。もちろん、少しぐらいの決算赤字でも現金をたくさん持っているような会社であればさほど問題はありませんが、赤字の穴埋めに銀行借り入れをしていたり資産を大きく減らしたりしているのに、配当を払おうとするようであれば、長期投資目線で見ると、それは株本来の価値である解散価値（純資産）が減っていくことになり、最終的に株価が下がる方向に向かう恐れがあります。配当の過剰な支払いには少々注意しておく必要があります。配当の払い過ぎは、決算書で配当性向を見ればわかりますので、気になる大株主があった場合は、改めて要チェックです。

②セグメントで会社の儲けどころと事業リスクを探ろう

次に同じく有価証券報告書で検索窓を開き、「セグメント」と打ち込んでください。セグメントとは、会社が持つ色々な事業別や地域別等に分けた状態で、売上や資産状況などを分類区分表示したものです。検索をかけると、たくさんの項目が出てくると思いますが、順に見ていきましょう。最初に事業の種類別に区分された売上高が表示されているところを見ます（表示例は図表22）（注意、その会社が一分野にしか事業がなければ、セグメントの表示はありません）。

そこに、どの分野で売上高がどれくらいあるのかを把握します。そして経営の柱になる事業や売上高が伸びてきている事業等もチェックしておきます。

これを知っていることで、その会社がどんな分野に強く、それに関連する何かに影響が出るような事態になると、経営に大きなダメージを受けるとか、為替変動や原材料価格の影響を受ける事業があるとか、いくつかある事業の内一つを撤退することになったときなどにも、売上をどのくらい失ってしまう恐れがあるのか等、リスクの予想を行う材料として、この事業分野別売上高のセグメント情報を確認しておいてください。

リスク情報と事業別売上セグメントの状況から先を見よう

万が一今まで絶好調だった事業分野が、世の中の変化で消費需要がなくなってしまうなど、会社の収益の大部分にマイナス影響が出るような激変が起こった場合は、売上が激減することが明らかです。現状の財務状態がそれなりによくても、売上の多くを占める事業分野が、大幅に悪化することが明らかなら、投資自体を引き上げる必要も出てきます。

これらのセグメント情報を把握しておけば、その会社の売上が減少するような株価下落リスクを早めに想定することができます。

また、逆に「ニュースで大騒ぎしているけれど、会社全体で見て対象となる事業規模はそれほど大きくないので影響は少ないだろう」といったような判断も可能になります。そういった考えの材料として、このセグメント情報を把握しておけば、安心して株の保有を続けられたり、必要以上に株価が落ちたと思える場合にも、あまり不安にならずに狙った銘柄を安価で手に入れるといった行動にも繋がって来ます。

③セグメントで会社の投資拡大余地と地域的リスクを探ろう

次に、あなたが選んだ銘柄の会社が売上を拡大する市場がまだまだあるのかを知っておくために、その会社が、世界各国にどのくらい進出しているのかを確認していきます。

今度は、先程「セグメント」と検索した中から、国地域の別に区分された売上高を探し確認していきます（注意、その会社が一国にしか事業や売上がなければ、セグメントの表示はありません）。

ここでは、日本と海外にどのくらいの売上高があり、その割合がどのようになっているかを確認してください（図表22の③）。

まずは、その会社のお客さんが世界のどの地域にいて、会社の売上の何％をその国や地域で買って貰えているのかを見ておきます。

会社によっては、ある地域で高い売上高を誇っているなど、その会社が持つ特色なども感じることができます。スズキの車売上高がインドだけで１／３を占める等はわかりやすい例でしょう。

〔図表22　有価証券報告書セグメント〕

有価証券報告書　　セグメント情報：例

(セグメント情報等)

【事業の種類別セグメント情報】

前連結会計年度（自　　年４月１日　至　　年３月31日）

②事業種別の売上高

	材料事業（百万円）	装置事業（百万円）	計（百万円）	消去または全社（百万円）	連結（百万円）
Ⅰ　売上高および営業損益					
売上高					
(1) 外部顧客に対する売上高	65,016	5,543	70,560	—	70,560
(2) セグメント間の内部売上高または振替高	—	78	78	(78)	—
計	65,016	5,622	70,638	(78)	70,560

92%　8%

【所在地別セグメント情報】

前連結会計年度（自　　年４月１日　至　　年３月31日）

③地域別の売上高

	日本（百万円）	北米（百万円）	欧州（百万円）	アジア（百万円）	計（百万円）	消去または全社（百万円）	連結（百万円）
Ⅰ　売上高および営業損益							
売上高							
(1) 外部顧客に対する売上高	50,823	6,007	5,127	8,601	70,560	—	70,560
(2) セグメント間の内部売上高または振替高	10,353	1,576	31	474	12,436	(12,436)	—
計	61,177	7,584	5,158	9,075	82,996	(12,436)	70,560

71%　8%　7%　11%

各売上高の割合を計算して、
・どんな事業に強いのか
・売上を伸ばせる地域が残っているのか
・どの地域で売上が多いのか等、
しっかり把握してリスクにも対応しよう！

リスク情報と国地域別セグメントの状況から先を見よう

そして、もし売上の多い地域で地域紛争や政変などが起きたら、どのくらい売上がダメージを受けるだろうといった外的要因によるリスクの影響も想定して備えておき、リスクが高いようならば、その銘柄への投資を控えることも考えましょう。

同時に、その会社が、まだまだ海外への事業拡大を可能な地域が残っているか等、売上を増やせる余地があるのかを把握しておきます。これに関してはメモ等も残すべきです。

このセグメント資料を基に、特定の地域への売上が多ければ、為替の影響で円安になったらもっと儲かるだろうとか、この地域はこれから消費人口が増えるから、事業拡大が望めるだろうといった想定も可能になります（５章の全チェック項目を分析できる用紙を巻末案内から提供中）。

また、ここまで説明した財務項目のチェックは、慣れて来れば、さほど時間は掛からない作業だと思います。有価証券報告書や決算短信なども、興味を持って読み進めると、また色々なことが発見できて楽しいのではないかと思います。少しでも堅実に投資をしたいと考えるのであれば、色々な情報を読み解いていく力も少しずつ付けていきましょう。

銘柄探しをするタイミングに注意しよう

最後に、本章の銘柄探しをしているタイミングについて話しておかなければなりません。前章では、「銘柄探しは株価が既に高い状態のときにしておくこと」と話をしました。今が高いのか安いのかわからない人は、前節の「株価チャートに1本の線を引け」を見て、底値を結んだ一本の線から離れた高い位置に居るのか谷付近にいるのかを見て判断するというのも1つの考え方です。底値といえるような安値の期間はおよそ7～10年の株価上下サイクルの中でほんの数か月です。

さて、私が何を懸念してこの話をするのかといえば、もしも社会全体が既に景気のどん底にあるタイミングで、この銘柄選択作業を行い、どん底の決算短信を見たなら、超優良企業であっても、色々な項目が資産投資不適格でふるい落とされてしまう可能性がないわけではありません。

本格的な金融不安を伴うような不景気であれば、一時的に売上や純利益の落ち込みがあると想像できますが、それでも、何か強みをしっかり持っていて、すぐに倒産する恐れなどない会社をピックアップしてください。

無理のない配当性向で配当を払っていたり、世の中にどうしても必要なものをつくっていたり、現金の保有が数千億円もあったり等、本書の内容がまだ理解できず、難しいうちは、そんな銘柄を選ぶとよいと思います。

ただし、そんな銘柄は不景気下でも案外高額です。景気のどん底で銘柄選びに慌てるのではなく、時間のあるときに、自分でも手が出せそうな価格帯の銘柄を予め数多く探しておくことをおすすめしておきます。

ガッチガチ堅実株式投資術の長期戦略まとめ

本書の内容は、ザックリ言うと「株価が安い時に優良株を買う」ただそれだけのことなのですが、図表23のように、景気の波の周期７年から10年といったスパンの繰り返しの中で、景気のどん底タイミングを待って、慣れないうちは「ドルコストいいとこ取り法」のパターン②と③の間くらいを意識して、資産となり得る銘柄を少しでも下落リスクを下げた状態で買っていきます。

更に株の勉強が進み、銘柄別に「今は高い、今は安い」といった株価の状態がわかるようになれば、次項のドルコストいいとこ取り法④のように個別銘柄で本当に安い所だけを買っていくことができるようになると、20年後30年後により多くの資産を保有できるはずです。そして、世の中が「株だ！株だ！」と騒いでいるような投資リスクが高い間は手を出さず、株が安くなって株の投資価値が高くなってくるのを待ちながら、その間、海外旅行積立のように定期的にお金を貯めておきます。

加えて保有した株から毎年貰える配当金も貯めておきます。それらに加えて、買っておいた株が値上がりしたときに半分売ったりすることで生まれてくるお金も貯めておき、株を買わない間も投資用の資金をだんだん大きくしていきます。

株を売り買いしない暇なときは、説明した種類の銘柄をピックアップしておき、その銘柄を安いときに複数買います。そして、株価が上がってきたら半分売って、購入資金を取り戻し、これを繰り返しながら、高利回りな配当を分配し続けてくれる株式資産を増やしていきます。

〔図表23　上級長期投資〕

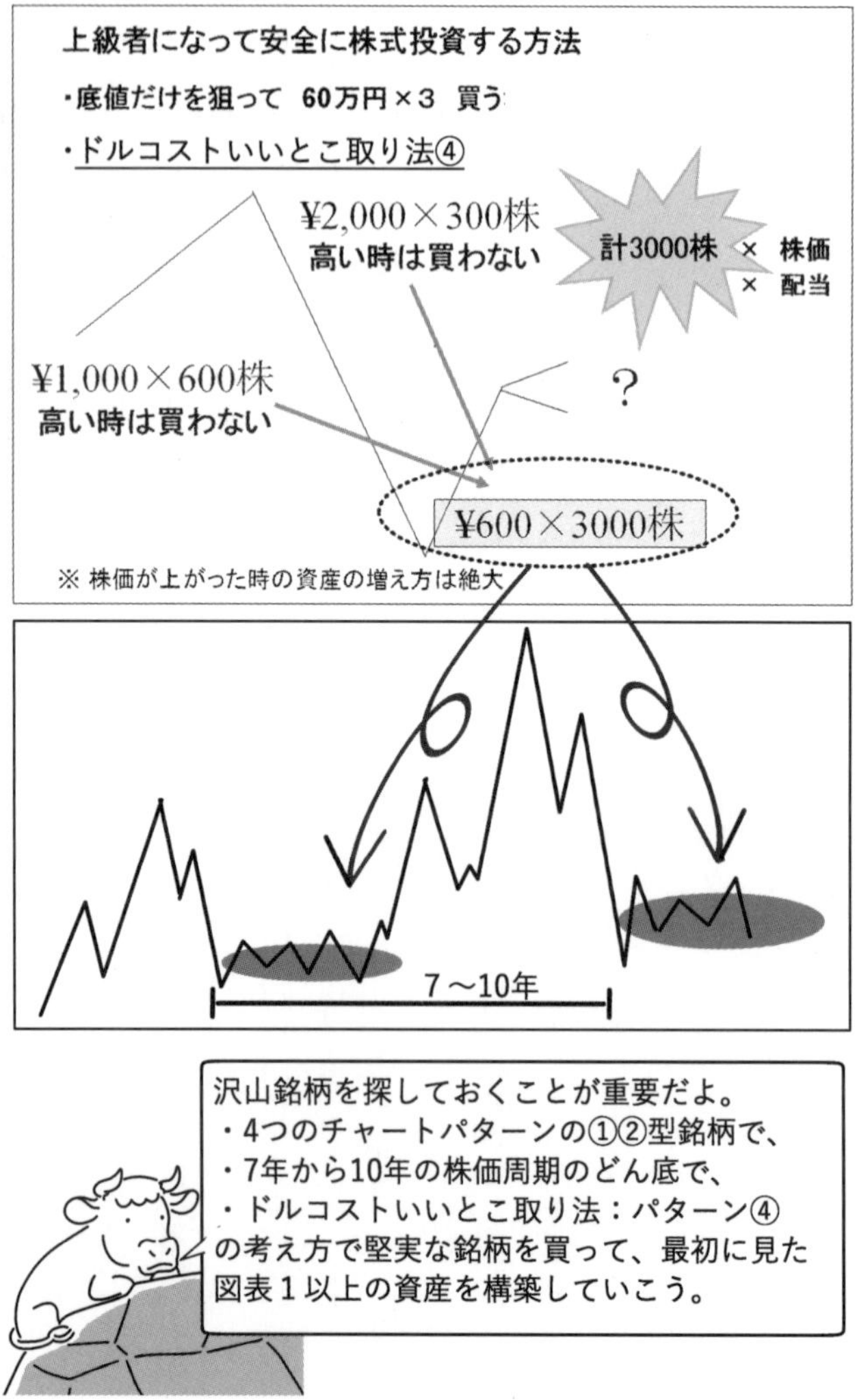
上級者になって安全に株式投資する方法
・底値だけを狙って　60万円×３　買う
・ドルコストいいとこ取り法④
¥2,000×300株
高い時は買わない
計3000株
×　株価
×　配当
?
¥1,000×600株
高い時は買わない
¥600×3000株
※ 株価が上がった時の資産の増え方は絶大
7～10年
沢山銘柄を探しておくことが重要だよ。
・4つのチャートパターンの①②型銘柄で、
・7年から10年の株価周期のどん底で、
・ドルコストいいとこ取り法：パターン④
の考え方で堅実な銘柄を買って、最初に見た
図表１以上の資産を構築していこう。

◇コラム／大化けする銘柄についての独り言

このコラムは本文から少し離れて、あまり鵜呑みにされても困るような、私の経験からくる何の裏付けもない独り言として聞いてください。

私は普段から、株価が大化けしやすい業種があるなぁと感じています。それは、化学株や薬品株、新興の飲食株など材料が技術等により何倍もの値段の商品になる業界に比較的多く、タイミングによっては、数倍の株価になることも、ままあります。

ただし、その中で飲食系だけは、長く安心して持ち続けるには少し勇気がいるようです。なぜなら、飲食業界は、すぐに同じような会社が増えてしまう場合が多く、銘柄探しの最初に話した「強みのある会社」で居られる期間が製造業などと比べてかなり短いという現実があるからです。

これまでも、一気に株価が上がった後、急に下落するようなことが多かったかな？　という印象を持っています。こういった銘柄への対処は、バカ上げしたら売り逃げるか、０円化して優待などを貰いながら様子を見るのが上策かなぁと、そんな感想を持っています。

反面、飲食の優待銘柄に関しては、案外、株価が底堅い銘柄があるなぁとも感じています。会社の財務状態が、かなり危ない状態でも、優待品の株価に対する利回りを考えてその銘柄を買っているということなのでしょうか？　この先優待さえ続くかどうかわからない状況の銘柄を優待のために買うというのは、かなり勇気が要る行為だなあといつも感じています。

ふるいに残った銘柄を管理しよう

では最後に、ここまで話したことをチェックし終えた上で、いくつか銘柄を厳選したら、私は多くの場合､紙に書き出して壁に貼っておきます。もちろん、銘柄を選別したときに同時に調べた「気になる部分」や「セグメント情報」などの注意情報も一緒に書き込んでおきます。

また、最近はそれに加えて、スマートフォンに「ヤフーファイナンスアプリ」をダウンロードして使っています。(財務データ等は、会社が公表しているものをパソコンでじっくり確認してください）このアプリは、気になる銘柄を検索すると、「最近見た銘柄一覧」に銘柄名を残せることと、個別銘柄の株価チャートが全期間見られるので、とても重宝します。

そして、ニュースなどで「今日、日経平均株価が大暴落しました」といった株価暴落情報等が耳に入ったとき、「狙っていた銘柄が一緒に大暴落してくれないかなぁ♪」とニコニコしながら、登録されている銘柄一覧をサラっと見るわけです。このチェックにかかる時間はせいぜい2、3分でしょう。常日頃から一生懸命に株価を追いかけるようなことをする必要はないと思います。

虎視眈々、千載一遇を待つ

私は、最低限、ここまでの行程をチェックして投資に対するリスクを極力抑え、尚且つ利益が買った時点で見込めるようなタイミングを虎視眈々と狙っています。

そして、千載一遇の機会で買い、世間が騒いで株価を上げてくれるのを待ち、チャートのタイプや買えた株価の位置で株を振り分け、タダ化したり保有し続けたりをしています。

もちろん株価は私やあなたの都合と関係なく動きます。ですので、思惑通りに行かないこともあれば、ボーナスを貰えることもあります。ただ、私が、この過程で大事だと思っていることは、あなたにとっての優良株がタダ化され、その株とドルコストいいとこ取り法を使い、安全な形で株が蓄積されていき、あなたの手元にたくさんの株と、付随する配当や株主優待が着々と増えることで、人間が穏やかに暮らすための、「安心の土台」の１つを踏み固めていけるということです。

銘柄の株価下落につながる情報が出たら

株式投資の世界では、経済の色々な情報が入ってくる度に、慌てて株の売買を行う方が多くいらっしゃいます。しかし、他の投資家たちが悲鳴を上げているときに、過剰に反応してはなりません。そのためにどん底で買って含み益を持たせ、タダ化して傷が広がらないようにしているのです。

あなたは、多くの投資家がパニックになっているときにも落ち着いて保有している銘柄をチェックしなおしてください。銘柄選択でふるいにかけたときと同じように、５つの項目を確認しセグメントを見て影響がありそうか考えるのです。そして実際に会社の払う配当に影響が出るぐらい大きな損失に繋がる話なのか確認し直すのです。売ったり買ったりは、その後です。

また、多くの投資家が悲鳴を上げているときは、千載一遇のチャンスです。当然株価が下がり、利回りも上がっています。「この世からなくなったら困るような強味を持った会社」で「株の本来の価値である配当」をしっかり維持できる銘柄を、海外旅行に行ったつもりで購入しましょう。その後は、他の投資家や国までが、あなたの買った株の値上がりを助けてくれるはずです。

そういった堅実な株式投資の実践を重ねていくことで、おかしな銘柄を掴むことも減っていくはずです。みんなが大騒ぎしているときに、あなたは、客観的にそして冷静に、株式市場と自分の狙っている銘柄を眺められるようになってくるでしょう。

このガッチガチ堅実な方法を基に、少し穏やかで豊かな人生を送ってもらえたなら幸いです。

証券口座の開設と設定で迷っている方へ

ここで今更ですが、実際の株取引を行っていく上で、証券口座の要点についてお話し致します。

まず、証券口座の開設は、ネット証券のホームページを探して、そこに書いてある電話番号に気軽に電話してください。手続きや、ツールの使い方、探せない情報の確認など気軽に聞いてみてください。私は現在ＳＢＩ証券を利用していますが、心の底からお礼を言いたくなる程親切な対応をしてくれます。色々不安に感じるかもしれませんが、案外カンタンに問題解決すると思います。

それから、ＮＩＳＡ（株をやるなら積み立てではないほう）は必ず申請しておきましょう。

外国株や信用取引口座などは、開設するだけで特典が貰える場合も有るので、同時に開設しておいてもよいのですが、手を出すのは投資に慣れてからにしたほうが無難です。

さて、証券口座の開設時の設定では、「特定口座の源泉徴収有り」という一般的な設定で始めるのがお勧めです。既に口座開設済みの人も一度確認しておくといいと思います。

もしくは、利益が20万円に全然届かないうちだけ、源泉徴収なしの設定で税金を払わないという手もあります。しかし、利益が大きくなってきたときに、後で変更しようとしても変更のタイミングを逸してしまうと納税申告をする羽目になります。申告手続きなどが億劫でない方以外は最初から源泉徴収ありをおすすめしておきます。詳細は証券会社の電話相談か税理士にご相談ください。

もっと深く銘柄分析を学びたい方へ

もし、あなたが、本書の内容に納得できて、この本当に長い時間のかかる投資方法を気に入っていただけるようであれば、まずは、本書を繰り返し読んでください。

また、更に学び実践したいと感じていただけるようでしたら、銘柄の細部まで分析する講座や、株価を考え判定する講座、私と同じレベルまでの知識をお伝えできる講座なども準備しています。

ご興味があれば、巻末の記載ＵＲＬから覗いてみてください。本書の戦略に沿って、更に精密に、更にガッチガチ堅実に株式資産投資する方法をお伝えしています。

おわりに　「幸せの土台、安心を構築するために」

いかがだったでしょうか？

今回の話は、わかってしまえば原理原則に基づいた単純で当たり前な話ばかりです。したがって、孫の代になっても、基本的な考え方は変わらないでしょうし、そこから応用も効くと考えています。

そのためどこまで書くべきか随分悩みながらも、「投資を繰り返せばいつかわかること」そう思いながら、実践ができるように考えて、堅実投資の戦略的な部分、投資の儲けの根幹的な部分となる大きなお金の動き、チェックを怠ってはいけない決算科目部分等について執筆を行いました。

もしも既にあなたが投資資金を沢山手元に持って居るのなら、本書だけの知識でも、かなりよい老後を迎えられると私は思っています。もしそうでなかったとしても、20代なら2万円以上、30代なら3万円以上のお金を投資資金として貯め続けながら、千載一遇の来たる日に向けてコツコツ銘柄探しを行い、将来に向けて、投資の勉強をして欲しいと思います。

もし、本書の内容がよく理解できない。なぜ自分が株で損しているのかわからないという方は、再度、2章と3章をお読みください。どうすれば堅実に投資できるのか方法論がまだよく理解しきれないという方は、4章と5章を何度も繰り返し読んでみてください。

若干内容を詰め込み過ぎた感もあるのですが、将来応用が効くように、あなたに自分の頭でも考える癖をつけてもらえるように、すべてわかったつもりになって、1つひとつの関連性を無視してしまうことがないように、あえて箇条書きで書くことを控えています。是非ご自分で本書に線を引きながら自分の知識として身につけていってください。そして、あなたが投資に迷ったとき、傍らに置いて読み直してもらえれば嬉しいです。

今、私はなんとか子育てを終え、そろそろ次世代にバトンを渡していく年齢に近づいてきたと感じることが多くなってきました。そして、今のうちに自分にできることを無理のないレベルで自分なりにしておこうと思い、株式投資の教室を始めたり、本を書いておこうと行動を起こしてきました。

そして、多くの方の助けを借りながら、このような、誰もが実践できるような長期戦略として、私が思う堅実な株式資産投資の根幹部分をまとめてみました。

この国の礎は、決してお金ではありません。まじめに毎日を送っている普通の人々の力です。その多くの方々が若いうちから堅実な株式資産投資を行い、それにより手に入れた優良銘柄が、時を重ねる度に他の堅実投資家にも買い支えられ、最終的に高い利回りでお金を生んでくれる資産として、堅実な投資を行った人々がそれを保有することになります。

そういった金銭面での安心を多くの人々が持つことで、穏やかな気持ちになれて、「何が起こっても大丈夫。自分の道を歩んで行こう」そう思える人々でこの国が溢れかえって欲しいと考えています。

将来、あなたが心身ともに健康で自分らしく幸せを感じる人生をおくり、回り回って穏やかでゆとりある人々に囲まれながら自分も過ごせるような豊かな我が国になれば幸いに思います。

謝辞

今回、初めての出版に際し、執筆を後押ししてくださった多くの方々、その懸け橋になりながら、笑顔でズバズバとアドバイスと励ましをいただき、本当に色々な面で執筆活動を助けてくださった有限会社インプルーブの小山睦男氏にまずお礼申し上げます。また、「皿井流で深掘りして書いてください」と助言をくださり、大幅な修正にご対応いただいたセルバ出版の森忠順氏、沢山の気づきをくださった株教室の生徒さん、私に励ましと本を書く勇気を与えてくれた本当に多くの方々に心からお礼を申し上げます。そして、私の執筆を日々見守りながら温かく支えてくれた妻に、言葉にできないほど心の底から感謝しています。この場を借りて皆様にお礼申し上げます。

最後になりますが、何より本書に投資を行い、最後までお読みいただいたあなたに、心よりお礼を申し上げます。本当にありがとうございました。

皿井岩雄

読者特典プレゼント

今回、本書を読んでくださったあなたに、
感謝を込めて下記の特典をプレゼントいたします。

登録フォームURLかQRコードから
申し込みページにアクセスして、
必要事項を記入してお申し込みください。

プレゼント内容

1　株をタダで手に入れるための、
　売却株価と売却数が分かるExcelシート

2　本書の銘柄選択条件を一覧にした
　銘柄簡易分析PDFシート

3　株価と配当利回りの早見表

https://kataikabu.jp/tokutenmorau/

※読者プレゼントに関して、出版社への問い合わせはご遠慮ください。本書内のQRコードが読み込めない等の場合も、下記URL「ガッチガチ堅実株式投資研究所」へお問い合わせください。

https://kataikabu.jp/

著者略歴

皿井　岩雄（さらい　いわお）

1966年生まれ　愛知県出身　東京農業大学農学部卒
ガッチガチ堅実株式投資塾・講師

曽祖父は日露戦争から帰った後、儲け話に乗って信用取引で財産を失い家族共々借金取りに追われた。祖父は借金返済のために勤めに出ながら貯金の代わりにコツコツ株を買った。父親は、証券営業マンにすすめられるままファンドやトレードに手を出し驚くほどの大金を失った。著者は、幼少期からお金に関する様々な話を祖父から聞かされ、傍らで株式投資を見ながら育った。大学を卒業後、バブル崩壊と同時期、自営業の傍ら株を始めたが、すぐに資金は1/3に、それから30年以上、銘柄の分析方法や投資の方法を試し、構築し、実践を続けた。そしてチャイナショック、コロナショックなどの暴落時にも慌てることなく含み益を待つ独自の投資理論と株式銘柄の分析技術を持った。

昨今、メディアや広告に煽られた価値観で、お金に振り回されてしまい、労働で得た大切なお金と、幸せの感情を奪われかけている沢山の日本人を目の当たりにして、「心豊かに暮らすことを目的とした堅実な株式資産投資の方法」を伝える活動に取り組んでいる。

趣味：DIY、武術、株式分析

ガッチガチ堅実株式投資法

2023年9月29日 初版発行　　2024年7月4日 第4刷発行

著　者　皿井　岩雄　© Iwao Sarai

発行人　森　　忠順

発行所　株式会社 セルバ出版
〒113-0034
東京都文京区湯島1丁目12番6号 高関ビル5B
☎03（5812）1178　　FAX 03（5812）1188
https://seluba.co.jp/

発　売　株式会社 三省堂書店／創英社
〒101-0051
東京都千代田区神田神保町1丁目1番地
☎03（3291）2295　　FAX 03（3292）7687

印刷・製本　株式会社 丸井工文社

Printed in JAPAN
ISBN978-4-86367-848-4